小学校 外国語活動

"Let's Try!"
指導案・評価
完全ガイド

編著

兼重 昇
広島大学大学院准教授

佐々木淳一
岩手県教育委員会主任指導主事

指導案をもとに目の前の子どもにふさわしい授業を

　私の大学院時代の恩師の一人が、最近の授業の中で、これまでの学習指導要領の改訂は、「具体的な社会の変化、『現状』に対応すること」が目的で行われていたが、今回の改訂は、「予測不能な未来への対応」ができる人材の育成を目指したものといえると繰り返し話されていました。

　予想可能な目の前の事項・課題に対して、これまでの事例をもとに対応できるような能力ではなく、予測不可能な課題に柔軟にかつ適切に対応できる資質・能力の育成が求められているということです。これは、単なるhow toの集積では解決できないといっても過言ではありません。

　もちろん発達段階に合わせてという前提はあるものの、子どもたちには、より高次の知識・技能およびそれを活用することができる力を身につけさせることが必要なのです。新学習指導要領で挙げられている三つの柱「知識・技能」「思考力・判断力・表現力等」「学びに向かう力・人間性等」は、それを実現させるためのキーワードとなっています。

　しかしながら、こうした資質・能力は、教師が子どもたちを指導する際に留意すべきことであるのと同時に、教師自身も、その能力を有しておかなければならないということです。

　今回の学習指導要領改訂では、第3、4学年での外国語活動、第5、6学年での外国語科の導入となり、英語教育改革は新しい段階へ進んでいます。

　本書は、文部科学省が提案した新教材 "Let's Try !" をもとにした活用例の集約です。しかし、すぐに使える単なる指導案例集として本書を開くのではなく、授業づくりにおいて大切にしているものが何で、それがどのように具現化されているのかという視点で、本書の指導案例を参考にしていただきたいと思います。

　なぜその活動がそこにあるのか、活動の目的は何か、Unit全体でコミュニケーションの場面設定は適切であるのか等、是非、批判的に本書を活用していただきたいと考えています。

　提案された指導案例は真似すべきモデルではなく、あくまでも一例にすぎません。指導されている子どもたちにとってよりふさわしい授業を実現できるのは、先生方自身です。

　本書を通して得られた授業づくりのためのメタ知識・技能は、将来教材が変わったとしても活用できる力として有意味なもの足り得ると思います。それをまた先につなげるという意識で本書を叩き台として活用していただければ幸いです。目の前の子どもたちと未来の子どもたちのために。

広島大学大学院准教授　　兼重　昇

初めて外国語活動を担当する先生方へ

　今般（平成29年3月）の学習指導要領改訂の背景には、グローバル化の急速な進展に伴う「授業の質」の変化が求められています。東京オリンピック・パラリンピックなどのインバウンドにおける英語使用も見込まれる時代を生きていく子どもたちには、知識を活用し、外国語を用いて世界の人々とコミュニケーションを図る力を育む必要があり、授業を通して、多様な人々と協働し、新たな価値を生み出せる人材を育成することが求められています。

　外国語活動は、平成20年3月告示の学習指導要領により小学校高学年に導入されて以来、学級担任や専科教員の先生方に学校現場で育てていただき、小学校における外国語活動の意義や重要性が浸透してきました。

　指導主事として中学校を訪問していても、英語科の先生方から、小学校で外国語活動に取り組んできた生徒は「英語に対する抵抗感がない」「音声面での理解が高く、反応がよい」「ペアやグループでの言語活動に慣れている」「言いたいことがうまく言えない時もあきらめず伝えようする」等、外国語活動の成果をうかがうことが多くありました。

　新学習指導要領による教育課程において第3、4学年で外国語活動を実施するにあたり、これまで高学年で育んできた外国語活動の成果を失うことがないよう十分配慮した上で、中学年という発達段階に応じた外国語活動を計画・実施していく必要があります。

　本書では、先生方が、新学習指導要領の趣旨と英語教育改革の流れを正しく理解した上で、文部科学省が提案した新教材 "Let's Try!" を活用して、目の前の子どもたちの実態に応じた「心が動く外国語との出会い」や「心が通い合う体験」を演出できるよう、さまざまな活動例を紹介しています。初めて外国語活動を担当する先生方にもわかりやすくご覧いただけるよう、英語教育推進リーダーをはじめとする各地域で外国語教育の中心となっている先生方にアイディアをいただいておりますので、是非活用いただきたいと思います。

　外国語活動の先にある外国語科においては、「英語で何ができるようになるか」といった新しい時代に必要となる資質・能力の育成が掲げられていますが、学校教育で行われる外国語教育は "Training" ではなく、子どもたちが、将来きっと花を咲かせられるような「種まき」の "Education" であることは言うまでもありません。

　今後の外国語教育は、言葉や心を通わせにくく、国と国との関係もささくれ立っているこの世界に、平和をもたらすような人材を送り出す一翼を担っています。その第一歩となる外国語活動が、前述の「種まき」の役割を果たしていくことを信じて進んでいきたいものです。

岩手県教育委員会主任指導主事　佐々木　淳一

CONTENTS

指導案をもとに目の前の子どもにふさわしい授業を……………………………… 2

初めて外国語活動を担当する先生方へ……………………………………………… 3

第1章　新教材 "Let's Try！" の活用とポイント

学習指導要領改訂のポイント ……………………………………………………… 8

中学年用教材のポイント ……………………………………………………………10

活動のポイント ………………………………………………………………………12

評価のポイント ………………………………………………………………………14

第2章　"Let's Try！1" 35時間の指導案

Unit 1　Hello!　あいさつをして友だちになろう …………………………… 16

Unit 2　How are you?　ごきげんいかが？ …………………………………… 20

Unit 3　How many?　教えてあそぼう …………………………………………… 24

Unit 4　I like blue.　すきなものをつたえよう ……………………………… 32

Unit 5　What do you like?　何がすき？ ……………………………………… 40

Unit 6　ALPHABET　アルファベットとなかよし …………………………… 48

Unit 7　This is for you.　カードをおくろう ………………………………… 56

Unit 8　What's this?　これなあに？ …………………………………………… 66

Unit 9　Who are you?　きみはだれ？ ………………………………………… 76

第3章 "Let's Try！2" 35時間の指導案

Unit 1 Hello, world! 世界のいろいろなことばであいさつをしよう ············· 88

Unit 2 Let's play cards. すきな遊びをつたえよう ················· 92

Unit 3 I like Mondays. すきな曜日は何かな？ ················· 100

Unit 4 What time is it? 今、何時？ ················· 106

Unit 5 Do you have a pen? おすすめの文房具セットをつくろう ············· 114

Unit 6 Alphabet アルファベットで文字遊びをしよう ················· 122

Unit 7 What do you want? ほしいものは何かな？ ················· 130

Unit 8 This is my favorite place. お気に入りの場所をしょうかいしよう ···· 140

Unit 9 This is my day. ぼく・わたしの一日 ················· 148

第4章 指導要録記入例 & 通知表文例集

【Let's Try！1】 **Unit 1~9** 指導要録記入例 & 通知表文例集 ················· 160

【Let's Try！2】 **Unit 1~9** 指導要録記入例 & 通知表文例集 ················· 169

第5章 そのまま使える！ クラスルーム・イングリッシュ

そのまま使える！ クラスルーム・イングリッシュ ················· 180

第1章

新教材"Let's Try！"の活用とポイント

学習指導要領改訂のポイント

1 学習指導要領の改訂と外国語教育

　学習指導要領は、時代の変化や子供たちの状況、社会の要請等を踏まえ、おおよそ10年ごとに改訂されている。外国語教育については、前回の改訂（平成20年3月）で小学校高学年に外国語活動を導入する（導入は平成23年）などの改革がなされてきたが、今回の改訂（平成29年3月）では、小学校中学年から「聞くこと」「話すこと」を中心とした外国語活動（年間35単位時間程度）を通じて外国語に慣れ親しみ、外国語学習への動機付けを高めた上で、高学年から発達段階に応じて段階的に「読むこと」「書くこと」を加え、総合的・系統的に教科としての外国語科（年間70単位時間程度）を行うという外国語教育の枠組みそのものの改革が行われた。

　これは、小学校教育の視点でも外国語教育の視点でも近年最大の改革だといえる。

2 新学習指導要領における「育成すべき三つの資質・能力」

　平成28年12月の中央教育審議会の答申において、各教科等において育成すべき資質・能力が次のとおり三つの柱として整理された。新学習指導要領では、これらの**三つの資質・能力は、不可分であり、一体的に育成していくことが必要**であるとしている。下線部（筆者）に注目して読んでいくと、それぞれの資質・能力がどのようなものであるか理解しやすい。

> ○「何を理解しているか、何ができるか
> 　　（生きて働く『知識・技能』の習得）」
> ○「理解していること・できることをどう使うか
> 　　（未知の状況にも対応できる『思考力・判断力・表現力等』の育成）」
> ○「どのように社会・世界と関わり、よりよい人生を送るか
> 　　（学びを人生や社会に生かそうとする『学びに向かう力・人間性等』の涵養(かん)」

3 外国語活動を通して育てたい資質・能力

　外国語活動と外国語科においても資質・能力が三つの柱にもとづいて明確化され、そのうち外国語活動の目標が次のように示された。中学年における2年間の外国語活動のゴールが「コミュニケーションを図る素地となる資質・能力」を育成することであり、これは**前回の改訂による高学年の外国語活動の目標の理念と変わらないもの**と解釈することができよう。

> ア外国語によるコミュニケーションにおける見方・考え方を働かせ、外国語によるイ聞くこと、話すことの言語活動を通して、ウコミュニケーションを図る素地となる資質・能力を次のとおり育成することを目指す。
> (1) 外国語を通して、①言語や文化について体験的に理解を深め、日本語と外国語との音声の違い等に気付くとともに、③外国語の音声や基本的な表現に慣れ親しむようにする。【「知識及び技能」に係る目標】
> (2) 身近で簡単な事柄について、外国語で聞いたり話したりして自分の考えや気持ちなどを伝え合う力の素地を養う。【「思考力・判断力・表現力等」に係る目標】

(3) 外国語を通して、言語やその背景にある文化に対する理解を深め、相手に配慮しな
がら、②主体的に外国語を用いてコミュニケーションを図ろうとする態度を養う。

【「学びに向かう力・人間性等」に係る目標】

■外国語によるコミュニケーションにおける見方・考え方 （下線部ア）

　新学習指導要領において、各教科等の目標には「見方・考え方」というキーワードが新た
に加えられた。これは、各教科等を学ぶ本質的な意義の中核をなすものであり、外国語活動
と外国語科の「見方・考え方」は、次のように示されている。

　「外国語によるコミュニケーションにおける見方・考え方」とは、外国語によるコミュ
ニケーションの中で、どのような視点で物事を捉え、どのような考え方で思考してい
くのかという、物事を捉える視点や考え方であり、「外国語で表現し伝え合うため、外
国語やその背景にある文化を、社会や世界、他者との関わりに着目して捉え、コミュニ
ケーションを行う目的や場面、状況等に応じて、情報を整理しながら考えなどを形成し、
再構築すること」であると考えられる。

　端的に言うと、「外国語によるコミュニケーションとはどのようなものなのか」「外国語で
コミュニケーションを図ることは社会や将来にどうつながっていくのか」等を児童や教師が
理解した上で、活動や学習に取り組むことが重要であることを表している。従前の外国語教
育で、外国語を学ぶ意義や価値を十分意識できず、単に活動そのものが目的になってしまっ
たことへの反省を踏まえたものであると考える。

■外国語活動で取り扱う領域 （下線部イ）

　中学年の外国語活動では、「聞くこと」「話すこと（やり取り）」「話すこと（発表）」の３
領域の言語活動を通して、コミュニケーションを図る素地となる資質・能力を育成する。高
学年の外国語科では、「読むこと」「書くこと」を加えた５領域にわたる言語活動を行う。

■前回の学習指導要領の目標との比較 （下線部ウ）

　前回の学習指導要領における外国語活動の目標も、①「言語や文化に関する体験的な理解」、
②「積極的にコミュニケーションを図ろうとする態度」、③「外国語への慣れ親しみ」といっ
た三つの柱で構成されているが、これらは、改訂後の新学習指導要領の目標とそのまま対応
しているわけではない。前回の目標の①と③は、改訂後の目標の (1)「知識及び技能」の中に、
また、②は改訂後の (3)「学びに向かう力・人間性等」の中に位置付けられている。

　このように見ていくと、目標として新しく加えられたのは (2)「思考力・判断力・表現力等」
であり、その内容から、例えば、児童の身の回りのことを題材として、子供自身の考えや気持
ちを話したり聞いたりする双方向の活動を設定することが求められていることが分かる。

　以上のことから、中学年の外国語活動では、単にチャンツやゲーム等で、英語の音声に慣
れ親しませて終えるような授業に終始するのではなく、様々な活動を通して慣れ親しんだ表
現を用いて、身近な事柄についてコミュニケーションを行うような指導計画をたてることが
重要であることが分かる。

中学年用教材のポイント

1　中学年用教材"Let's Try!"のポイント

　小学校中学年用教材の"Let's Try!"は、高学年の外国語科で定着を図る前段階として、「失敗を恐れず外国語によるコミュニケーションに挑戦してほしい」という願いが込められたネーミングとなっている。中学年では、"Let's Try!"で外国語に慣れ親しみ、高学年では教科書や"We Can!"等の教材を用いて、中学年で慣れ親しんだ語彙や表現を様々な場面で繰り返し使わせながら、「聞くことができる」「話すことができる」「伝え合うことができる」といったスキルに高めていけるよう系統性に配慮されている。

[第3学年用"Let's Try! 1"]　　[第4学年用"Let's Try! 2"]　　　　　[第5・6学年用"We Can"]

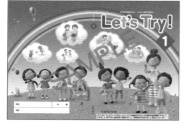  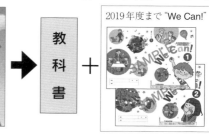

　文部科学省が示した"Let's Try!"のポイントは、次の3点である。

○「聞くこと」「話すこと［やり取り］」「話すこと［発表］」の**三領域における言語活動**を通して、コミュニケーションを図る素地となる資質・能力を育成
○初めて外国語に触れる児童が積極的に話したり聞いたりするようにするため、**中学年という発達段階に合わせて、扱う教材や活動、語彙、表現を設定**
　（例）中学年児童にとって身近な動物、食べ物、文房具、教室名など
○扱う語彙や表現が使われる**必然性のある場面を設定**し、児童が語彙や表現の意味を推測したり繰り返し使ったりしながら**体験的に身に付けることができるように工夫**

　"Let's Try!"では、新学習指導要領の目標に合わせて、「身近で簡単な事柄」を話題や題材として取り扱い、児童が興味をもって、思わず「話したい」「聞きたい」「やってみたい」と感じられる場面が設定されている。

　また、言語活動の充実を図るため、"Let's Try!"の補助教材として、デジタル教材とワークシートも使用できる。デジタル教材は各小学校にDVD-ROMで配付されており、"Let's Try!"における全ての誌面・活動において活用することができる。教材の誌面そのままに表示される画像の動画ボタンをクリックすると、映像が表示され、英語の音声が流れる仕組みとなっている。

　ワークシートは文部科学省の「小学校外国語・外国語活動　平成30年度使用新教材ダウンロード専用サイト」からダウンロードして使用するものであり、デジタル教材に収録された音声や映像を参照しながら活動を行う際に使用される。（http://mext-next-kyozai.net/top/index.html）

2 "Let's Try!" において設定されている活動

　各単元においては、従来の "Hi,friends!" で行われてきた活動をベースにしながら、Let's Listen / Watch and Think / Play / Chant / Sing や Activity 等の多様な活動が設定されている。各活動のイメージ（例）と関連する領域を以下に示す。

活動の名称	活動のイメージ（例）	言語活動関連領域
Let's Listen	●英語を聞き、必要な情報を聞き取ったり概要を捉えたりする。 ●英語と日本語の音声の違いについて気付く。	聞くこと 話すこと
Let's Watch and Think	●デジタル教材等の映像を見ながら英語でまとまりのある話を聞き、英語の意味を推測したり話の概要を捉えたりする。 ●聞き取った内容に関する質問に答える。	聞くこと 話すこと
Let's Play	●インタビューゲーム等を通して、英語の音声を繰り返し聞いたり言ったりして、慣れ親しむ。	聞くこと 話すこと
Let's Chant Let's Sing	●設定された表現について、英語のリズムやイントネーションに自然に慣れ親しむ。 ●英語の歌に合わせて体を動かしたり、実際に歌ったりする。	聞くこと 話すこと
Activity	●単元で学習した表現などを使って、友だちと自分の思いや考えを伝え合ってコミュニケーションを図る。	聞くこと 話すこと

3 指導のポイント

(1) 児童が新しく出会う語彙や表現が、自然に用いられる必然性のある場面を設定する。

　新出の語彙や表現を提示する際、安易に意味を日本語で与えるのではなく、それらが使われる必然性のある場面の中で、それらが使われる様子を繰り返し見たり聞いたりすることで、児童にそれらの意味を推測させるようにする。Let's Watch and Think は、映像の視聴を通して、児童が推測し、思考を働かせることをねらいとしている。

(2) 英語を使うことを通して慣れ親しませる。

　中学年という発達段階を考えると、言語の規則を明示的に指導し、その規則を運用できるように訓練するというプロセスはなじまない。新学習指導要領において「実際に英語を用いた言語活動を通して、次の事項を体験的に身に付けることができるように指導する。」と記載されていることからも、聞いたり話したりする機会をたくさん与え、教師や友達とのやり取りを通して英語に慣れ親しませることが重要である。

(3) 学級担任（指導者）は、英語を使おうとする際のモデルになる。

　授業中、児童が英語を使う言語活動を行うためには、教師自身も積極的に英語を使うことが望まれる。英語使用の得意不得意を問わず、教師が英語から逃げずに思いを伝えようとしている姿こそが児童の心を動かす。また、安心して表現できる雰囲気づくりにもつながる。

活動のポイント

1　外国語活動の「領域別の目標」に基づく活動である点を意識すること

　外国語活動は定着を求めるものではないとわかっていても、活動を行う際、従来の中学校英語のように語彙や表現を何度もリピートさせてしまった経験はないだろうか。新学習指導要領では、外国語活動で行われる「聞くこと」「話すこと［やり取り］」「話すこと［発表］」の三つの領域別の目標を下記のとおり示している。"Let's Try!"に設定されている言語活動は、第3～4学年の2年間を通して、これら各領域のア、イ、ウの目標を達成するためのものであることを押さえておきたい。外国語活動では、いずれの目標も「…できる」というスキルの獲得に関わる文言ではなく、「…（する）ようにする」といった児童の活動の姿が示されている。

　また、これらの目標を個々に見ていくと、指導者に求められていることや、どのような言語活動がゴールとなるのかといった授業のイメージが見えてくる。例えば、「聞くこと」に関しては、ア及びイから、「英語がゆっくりはっきり話される」ことが前提となっており、このことから、指導者は、授業中、児童の理解度を確認しながら、英語を「ゆっくりはっきり」話すことが求められているとわかる。

　また、「話すこと［発表］」のア、イ、ウのいずれにおいても「人前で実物などを見せながら」と示されていることから、中学年では、実物や写真・スライド等を見せながら Show and Tell の手法に取り組むということがわかる。言語だけでなく様々なコミュニケーション手段を活用しながら、よりよいコミュニケーションを実現することとつながっていく。

「聞くこと」	「話すこと［やり取り］」	「話すこと［発表］」
ア　ゆっくりはっきりと話された際に、自分のことや身の回りの物を表す簡単な語句を聞き取るようにする。	ア　基本的な表現を用いて挨拶、感謝、簡単な指示をしたり、それらに応じたりするようにする。	ア　身の回りの物について、人前で実物などを見せながら、簡単な語句や基本的な表現を用いて話すようにする。
イ　ゆっくりはっきりと話された際に、身近で簡単な事柄に関する基本的な表現の意味が分かるようにする。	イ　自分のことや身の回りの物について、動作を交えながら、自分の考えや気持ちなどを、簡単な語句や基本的な表現を用いて伝え合うようにする。	イ　自分のことについて、人前で実物を見せながら、簡単な語句や基本的な表現を用いて話すようにする。
ウ　文字の読み方が発音されるのを聞いた際に、その文字であるかが分かるようにする。	ウ　サポートを受けて、自分や相手のこと及び身の回りの物に関する事柄について、簡単な語句や基本的な表現を用いて質問をしたり、質問に答えたりするようにする。	ウ　日常生活に関する身近で簡単な事柄について、人前で実物などを見せながら、自分の考えや気持ちなどを、簡単な語句や基本的な表現を用いて話すようにする。

（小学校学習指導要領解説　外国語活動編　（平成29年7月））

2 児童にとって魅力ある題材選択をすること

　外国語活動の指導計画の作成と内容の取扱いについては、小学校学習指導要領解説　外国語活動編（平成29年7月）において、次のように記されている。

> ・言語活動で取り扱う題材については、我が国の文化や、外国語の背景にある文化に対する関心を高め、理解を深めようとする態度を養うのに役立つものとすることとした。

　英語でコミュニケーションを図る素地を養うには、児童が取り組みたいと思えるような話題や題材を設定することが重要である。児童にとって身近で馴染みのある話題や、興味・関心のある題材を扱うことで、児童は友達の話に耳を傾けたり、自分の考えや気持ちを表現したりしようとする。そのためには、他教科等での学習内容と関連付けることも有効である。

　例えば、"Let's Try! 2"のUnit 1では、「世界のいろいろな挨拶」が取り上げられている。社会科で学習した世界の国々に関する内容と関連付けることで、世界には様々な言語があり、様々な挨拶の言い方があることを、「挨拶」を扉として楽しみながら学習することができる。他教科で得た学びが、児童に安心感を抱かせ、自信をもって表現することにつながるのである。

　また、同様に、国語科と関連付けると、日本語と英語の違いについて気付かせたり、日本の文化や英語の背景にある文化に気付かせたりすることもできる。

3 指導者と児童、児童同士の関わりを大切にした体験的な活動を行うこと
　　　——バックワードデザインへの意識

　中学年では、外国語を初めて学習することに配慮し、簡単な語句や基本的な表現を用いて友達との関わりを大切にした体験的な活動を行うことに主眼が置かれている。ペアやグループによる活動を積極的に取り入れるなど、好ましい人間関係づくりを創出するよう工夫したい。

4 各Unitのゴールとそれに向けた活動の積み重ねを意識すること

　"Let's Try!"の1と2ともに、各Unitのタイトル（英語）とそのUnitのゴールとなる活動（日本語）が示されている。また、指導編には、そのUnitの題材に応じて用いられる言語材料がリストアップされ、どのような語彙・表現を慣れ親しませていくのかが示されている。このように、指導者が、予めUnitの構成を確認することで、身近な地域の話題を盛り込んだりしながら、児童の興味・関心に応じた活動を組み立てることができる。Unitにおける各活動の積み重ねを意識し、UnitのゴールとなるActivityにつなげていきたい。

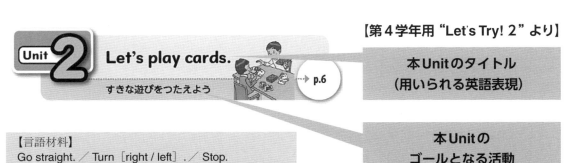

評価のポイント

1　外国語活動の評価

　外国語活動の目標は、外国語による聞くこと、話すことの言語活動を通して、コミュニケーションを図る素地となる資質・能力を育成することである。また、この資質・能力は、「知識・技能」「思考力・判断力・表現力等」「学びに向かう力・人間性等」の三つの柱で整理されていることから、この三つの柱を観点として評価を実施することとなる。

　外国語活動の目標は、高学年の外国語科や中・高の外国語科の目標とは異なり、「〜することができる」といった技能の定着を目標としておらず、あくまでも、児童が聞いたり話したりする言語活動を通して、コミュニケーション能力の素地を養うことである。

　したがって、評価する際も、従来の高学年の外国語活動と同様に、児童の学習状況が把握できるような文章表記による評価が行われる。そのため、児童の発表や伝え合う活動の行動観察による評価、児童の自己評価・相互評価など様々な評価方法を用いることが適切である。単元を通して作成した作品（動画も含む）及び振り返りカード（ポートフォリオ）など様々な評価材料を集めておき、児童の成長場面を具体的に捉え、児童本人や保護者にフィードバックしていくことが望ましい。

2　観点別評価の考え方

　では、ある場面設定をして「発表」や「やり取り」の言語活動を行った場合、「知識・技能」「思考力・判断力・表現力等」「学びに向かう力」を三つの観点として評価するには、どのような姿を見取る必要があるだろうか。外国語活動の目標に照らしてみると、外国語によるコミュニケーション活動を通して、次のような児童の姿が見られることが予想される。

観　点	外国語によるコミュニケーション活動において予想される児童の姿（例）
知識・技能	●日本語や日本の文化を含めた言語や文化について体験的に理解を深めている ●日本語と外国語との音声の違いや言葉の大切さや豊かさ等に気付いている ●外国語の音声や基本的な表現を聞いたり話したりしながら慣れ親しんでいる
思考力・判断力・表現力等	●身近で簡単な事柄について慣れ親しんだ語彙・表現を用いて伝え合っている ●自分や友だちのことについて、慣れ親しんだ表現を用いて質問し合っている ●日常生活に関することについて、自分の考えや気持ちを話している
学びに向かう力 ※「人間性等」は観点としてはなじまないため「学びに向かう力」のみとした	●友だちとの対話に相づちを打つなど、相手に配慮しながら聞こうとしている ●発表に身振りを入れて話すなど、相手に伝わりやすくなる工夫をしている ●英語に興味・関心をもち、主体的にALTとコミュニケーションを図っている

※平成28年の中央教育審議会答申において、育成すべき資質・能力の三つの柱を踏まえ、観点別学習状況の評価における観点については、「知識・技能」「思考・判断・表現」「主体的に学習に取り組む態度」の三観点に整理されているが、本書においては、外国語活動の目標に合わせた表記としている。

　知識・技能を、実際のコミュニケーションの場面において活用し、考えを形成・深化させ、話して表現することを繰り返すことで、児童に自信が生まれ、主体的に学習に取り組む態度が一層向上するため、評価においても三つの観点は切り離すことができないものであると理解したい。

第2章

"Let's Try！1"
35時間の指導案

Unit1 Hello!（第1時／2時間）
あいさつをして友だちになろう

1 単元目標と評価のポイント

(1)世界にはさまざまな言語があることに気付くとともに、挨拶や名前の言い方に慣れ親しむ。（知識・技能）

(2)名前を言って挨拶をし合う。（思考・判断・表現）

2 言語材料（表現）

Hello.　Hi.　I'm Fumika.　Goodbye.　See you.

3 指導案

時	子どもの活動	教師の活動	留意点（◎評価）
挨拶 (8分)	1. 挨拶をする。 Hello, Mr. (Ms.) Kawano. I'm fine. How are you? 2. 担任の自己紹介を聞き、内容についての質問に答える。	○笑顔で、大きな声で挨拶をする。 Hello, everyone.　How are you? I'm happy, thank you. ○自己紹介のスモールトークをする。 ・「先生は何が好きと言いましたか。」	・分かりやすい語を使う。
導入 (15分)	1. めあてを読んで確認する。 **あいさつや名前の言いかたに慣れよう。** 2. 世界のさまざまな挨拶について答える。 3. 映像を見て、教師の質問に対して答える。 4. チャンツを言う。 ・隣の友だちと、自分の名前に置き換えて、言う。	○本時のめあてを確認する。 **あいさつや名前の言いかたに慣れよう。** ○世界の挨拶について尋ねる。 ・「英語の挨拶はどう言いますか。」 ○Let's Watch and Think (p.2) を見せ、子どもに尋ねる。 ・「どんな挨拶をしていましたか。」 ○Let's Chant（p.3）を聞かせ、言わせる。 ・隣の友だちと、自分の名前に置き換えて、言わせる。	・子どもが答えられない場合には例を示す。
展開 (15分)	1. モデルを見て、表現を確認する。 2. ペアで英語の挨拶をする。 3. クラスの友だちと英語で挨拶をする。	○担任とALT等（担任1人2役、担任と2人等）で、モデルを示す。 Hello.　I'm Yoshimoto Satoko. Hello.　I'm Kawano Fumika. ○隣の友だちと英語で挨拶をさせる。 ○時間設定（5分）し、時間内に何人と挨拶ができたか確認させる。	◎名前を言って挨拶をし合う。
振返 (8分)	1. 振り返りカードを書く。 2. 授業の感想を述べる。 3. 挨拶をする。 Thank you very much. Goodbye, Mr. (Ms.) 〜. See you.	○振り返りカードを書かせる。 ○子どもを指名し感想を述べさせる。 ○挨拶をする。 That's all for today. You did a great job! Goodbye, everyone. See you next time.	

16

授業を充実させるためのポイント

1. スモールトーク

　スモールトークは、教師が、英語で自分のことや身の回りのことについて話し、それを子どもたちに聞き取らせるものです。この場合、子どもの知っている表現や語彙のみを使うのではなく、想像すれば分かるような表現をうまくつかいながら、注意深く聞かせるようにすることがポイントです。

　聞かせた後に、内容についての質問を日本語または英語で1〜3問投げかけます。「先生はどこ出身だったかな。」とか、「先生は何が好きだと言ったでしょうか。」などと問います。

　Hello, everyone. I'm Kawano Fumika. I'm from Nagano. Do you know about Nagano? It's very cold there. I like strawberries. Do you like strawberries?

2. 世界の挨拶

　テキストにはさまざまな国が出てきますが、単に国名を知るだけにとどめず、社会科で使用する掛け軸型の世界地図を利用して、国の位置を確認しておくことが後の知識として役に立ちます。

　ここでは、世界にはさまざまな国があって、さまざまな言葉が使われていることに気付かせることが重要であり、英語はその中の一つに過ぎないということを知ることが重要です。

3. 名前を言って挨拶をする

　ここでは、"Hello. I'm Yoshimoto Satoko." "Hello. I'm Kawano Fumika." と名前を言って挨拶をしますが、その際、自分を指すジェスチャー（右手を胸元に持っていく仕草）を加えて言わせるようにします。また日本での示し方と比べてみてもよいでしょう。

　また、日本人の名前は、国語審議会（2000）の「国際社会に対応する日本語の在り方（答申）」で、「日本人の姓名については、ローマ字表記においても『姓－名』の順（例えばYamada Haruo）とすることが望ましい」とされ、小中高の教科書では、すべてを「姓－名」の順としています。

● 評価の注意点

　展開の「2. 隣の友だちと英語で挨拶をする」場面や「3. クラスの友だちと英語で挨拶をする」場面を見て、照れずに一生懸命に話をしているか、クラス内の友だちと男女隔てなく英語を使いながら挨拶し、自分の名前を伝えようとしているかを見取っていきます。

　もちろん、クラス全員をこの時間で見取ることは困難なので、対象とする子どもを何人かに絞って、見ていく方法も考えられます。

第2章　"Let's Try! 1" 35時間の指導案　　17

Unit 1 Hello! (第2時／2時間)
あいさつをして友だちになろう

1 単元目標と評価のポイント

(1)名前を言って挨拶をし合う。（思考・判断・表現）

(2)相手に伝わるようにくふうしながら、名前を言って挨拶を交わそうとする。（学びに向かう態度）

2 言語材料（表現）

Hello.　Hi.　I'm Fumika.　Goodbye.　See you.

3 指導案

時	子どもの活動	教師の活動	留意点（◎評価）
挨拶 (7分)	1. 挨拶をする。 Hello, Mr. (Ms.) Kawano. I'm good. How are you? 2. ペアで挨拶をする。 3. スモールトークを聞き、内容についての質問に答える。	○笑顔で、大きな声で挨拶をする。 Hello, everyone. How are you? I'm happy, thank you. ○ペアで挨拶をさせる。 ○スモールトークをする。 　• 「先生はスポーツ選手の誰が好きと言いましたか。」	• 分かりやすい語を使う。
導入 (10分)	1. めあてを読んで確認する。 **友だちとあいさつをして名前を言い合おう。** 2. グループ（4人組）で名前を言って挨拶をする。	○本時のめあてを確認する。 **友だちとあいさつをして名前を言い合おう。** ○グループ（4人組）で名前を言って挨拶をさせる。	• 4人グループにする。
展開 (20分)	1. 音声を聞いて、テキストの子どもと国旗を線で結ぶ。 　• 再度聞き、ペアで答え合わせをする。 　• 再々度聞き、正解を確認する。 2. カードに、自分の名前を書く。 3. 教室全体を使って、友だちに名前を伝えながら挨拶をして、カードを交換する。 4. 受け取ったカードの名前をテキストに書き写す。	○Let's Listen(p.3) を聞いて、テキストの子どもと国旗を線で結ばせる。 　• 再度聞かせ、ペアで答え合わせをさせる（正解は伝えない）。 　• 再々度聞かせ、正解を伝える。 ○カードに自分の名前を書かせる。 ○教室全体を使って、友だちに名前を伝えながら挨拶をして、カードを交換させる。 ○受け取ったカードの名前をテキスト（p.5）の欄に書かせる。	• 名刺大のカードを配る。 • 名前は日本語で書く。 ◎名前を言って挨拶を交わそうとする。
振返 (8分)	1. 振り返りカードを書く。 2. 授業の感想を述べる。 3. 挨拶をする。 Thank you very much. Goodbye, Mr. (Ms.) 〜 . See you.	○振り返りカードを書かせる。 ○子どもを指名し感想を述べさせる。 ○挨拶をする。 That's all for today. You did a great job! Goodbye, everyone. See you next time.	• 挙手ではなく指名で行う。

18

授業を充実させるためのポイント

1. スモールトーク

　２回目以降のスモールトークでは、前回に少し内容を加えてボリュームを増やし、聞く量を徐々に増やしていくことが大切です。少ない量だけを聞いていると、それ以上の量を聞く力は伸びてはいきません。

　Good morning. I like ice skating. I like Hanyu Yuzuru. Do you know about Hanyu Yuzuru? He is a good skater.　He is from Sendai. He is cool. I like him very much.

2. ペア活動からグループ活動、そして全体活動に

　主体的・対話的で深い学び（アクティブ・ラーニング）の授業を行うには、まず基礎基本をおさえることです。外国語活動では、表現や語彙がほとんど分からないままにペア活動やグループ活動に進ませても効果は期待できません。

　ある程度の表現や語彙を理解させた上で、活動を進め、多くの回数聞いたり話したりすることで、慣れたり定着したりしていくものです。したがって、基礎基本があってのペア活動やグループ活動であることを忘れてはいけません。

3. 振り返りカードのあり方

　各学校により、振り返りカードの記入方法はさまざまです。授業に対する評価段階を数字で示したり（よくできました：３、まあまあできました：２、できなかった：１など）、ニコニコマークにチェックしたりなど多岐に渡っています。

　しかし、こうした簡単な記入では、子どもは雰囲気でチェックしてしまうので、正確さの点であまり信用できない方法です。

　そこで、必ず、「授業で分かったこと（知ったこと）」「授業でできたこと（できなかったこと）」などを書かせて、振り返りながら授業内容を考えさせる場面を組み込みます。それにより授業の中身をしっかり確認させることになります。また、書くことの練習にもなります。

● 評価の注意点

　単元目標は「相手に伝わるようにくふうしながら、名前を言って挨拶を交わそうとする。」ことなので、展開の３の場面で、子どもたちが積極的に名前を言って挨拶を交わそうとしているかどうかを見取りますが、もじもじしていたり、教室の片隅にたむろしていたりする場合は、教師が子ども同士のバリアを剥がすように隈無く子どものところを回り、会話ができる雰囲気を創り出します。

　評価は、子どもを評価するだけではなく、子どもを指導できているかどうかの教師についての評価でもあることを忘れてはいけません。

第２章　"Let's Try! 1" 35 時間の指導案　　19

Unit2

How are you?（第1時／2時間）
ごきげんいかが？

1 本時の目標と評価のポイント

(1)表情やジェスチャーの大切さに気付き、感情や状態を尋ねたり答えたりする表現に慣れ親しむ。（知識・技能）

(2)表情やジェスチャーを工夫しながら挨拶をし合う。（思考・判断・表現）

2 言語材料（表現）

How are you?　I'm (happy.)

3 指導案

時	子どもの活動	教師の活動	留意点（◎評価）
挨拶 (5分)	1. 挨拶をする。 　Hello, Mr. (Ms.) Kawano. 　• ペアで挨拶をする。	○笑顔で、大きな声で挨拶をする。 　Hello, everyone. ○ペアでも挨拶をさせる。	
導入 (7分)	1. チャンツを言う。 2. めあてを読んで確認する。 **気持ちや様子を表す言い方に慣れよう。**	○Hello Chant をさせる。 ○本時のめあてを確認する。 **気持ちや様子を表す言い方に慣れよう。**	• Unit1 を想起させる。
展開 (23分)	1. 映像を見て、教師の質問に対して答える。 2. 登場人物と感情や状態を表すイラストを線で結ぶ。 3. 歌を歌う。 4. ぴったりゲームをする。 • ペアで友だちの様子を聞き合う。 • クラスの友だちの様子を聞き合う。	○Let's Watch and Think1 (p.7) を見せ、子どもに尋ねる。 　• 「どんな様子でしたか。」 　• ジェスチャー・クイズをする。 ○Let's Listen (p.8) を見せ、聞き取った内容について、尋ねる。 ○Hello Song を聞かせ、歌わせる。 ○ピクチャーカードを使いデモンストレーションによりルールを示す。 Hello. I'm Yoshimoto Satoko. How are you?　—I'm (fine). 　• 隣の友だちと挨拶をさせる。 　• 時間設定（5分）し、同じピクチャーカードを持っている友だちを探させる。	• 表情に注目させる。 ◎名前を言って挨拶をし、相手に様子を聞いている。
振返 (10分)	1. 振り返りカードを書く。 2. 授業の感想を述べる。 3. 歌を歌う。 4. 挨拶をする。 　Thank you very much. 　Goodbye, Mr. (Ms.) 〜 . 　See you.	○振り返りカードを書かせる。 ○子どもを指名し感想を述べさせる。 ○Goodbye Song を聞かせ歌わせる。 ○挨拶をする。 　That's all for today. 　You did a great job! 　Goodbye, everyone. 　See you next time.	• 視点を示して、書かせる。

20

授業を充実させるためのポイント

1.感情や状態を表す語や表現との出会い

　新しい語や表現と出会うときは、具体的な場面設定をし、状況や表情などからどのようなことを話しているかを想像させながら出会わせたいものです。

　また、絵や映像と言葉の意味をつなぐためには、ジェスチャーが有効です。的確なジェスチャーとともに、表現に出会わせるようにすることは、その後の活動に生きてくるでしょう。表現に合う絵を指ささせたり、ジェスチャーをさせたりして何度も聞かせたいものです。

　本時では、ジェスチャー・クイズにより、目で見て判断し、話す活動を取り入れています。

2.Let's Listen

　"How are you?" の表現と出会います。音声を聞いて線で結ぶだけではなく、答えの確認の際には、教師が "How are you?" と尋ね、子どもに "I'm 〜." と答えさせるように仕向けることが重要です。

　子どもは、正答を当てることを目指しますが、教師としては、何度も聞かせることとともに、自然に話すようにさせ、新しい表現を話すことにも慣れ親しませていきます。

3.歌　Hello Song

　音声を聞かせ、聞こえた表現を子どもに尋ねます。そして、歌詞の言葉を子どもから引き出すようにします。「Hello Song」は、これまでの活動で耳にしてきた言葉が並んでいます。

　リズムやメロディーに乗せて何度も繰り返し歌うことで、自然に英語独特のリズムが身に付きます。また、歌を活用するには、意味にも注目させる必要があります。歌詞の意味を大切にすることで、歌は、語や表現を思い出す際のツールになります。

● 評価の注意点

　展開の「4．ぴったりゲーム」では、隣の友だちと英語で挨拶をする場面やクラスの他の友だちと英語で挨拶をする場面を見て、表情やジェスチャーをくふうしながら挨拶を交わしているかを見取ります。

　何度も繰り返して挨拶をすることで慣れ親しんでいる点も評価していきます。

　クラス全員を授業時間内で見取ることは困難なので、対象とする子どもを何人かに絞って、見ていく方法も考えられます。

第2章　"Let's Try! 1" 35 時間の指導案　　21

Unit2 How are you? (第2時／2時間)
ごきげんいかが？

□1 本時の目標と評価のポイント
(1)表情やジェスチャーをくふうしながら挨拶をし合う。（思考・判断・表現）
(2)表情やジェスチャーを付けて相手に伝わるようにくふうしながら、挨拶をしようとする。
　（学びに向かう態度）

□2 言語材料（表現）
How are you?　I'm (happy.)

□3 指導案

時	子どもの活動	教師の活動	留意点（◎評価）
挨拶 (4分)	1. 挨拶をする。 Hello, Mr. (Ms.) Kawano. I'm good. How are you? ・ペアで挨拶をする。	○笑顔で、大きな声で挨拶をする。 Hello, everyone. How are you? I'm fine. ・ペアで挨拶をさせる。	・ジェスチャーを 付けて行うよう にさせる。
導入 (5分)	1. 歌を歌う。 2. めあてを読んで確認する。 **友だちに気持ちが伝わるよ うにあいさつをしよう。**	○ジェスチャーを付けて Hello Song を 歌わせる。 ○本時のめあてを確認する。 **友だちに気持ちが伝わるようにあい さつをしよう。**	・子どもに言葉を 選ばせる。
展開 (25分)	1. Let's Watch and Think 2 ・絵を見て、何を表してい るか考える。 ・映像を見て、やってみる。 2. ジェスチャー・クイズをす る。 3. Activity ・友だちにどんな状況か尋 ねる。 ・教室全体を使い、挨拶を して友だちの状況を尋ね る。 ・友だちの名前を書く。	○Let's Watch and Think 2（p.9）を見 て、何を表しているか考えさせる。 ・映像の表情にも注目させる。 ・ジェスチャーの役割や意味の違い を知らせる。 ・教師（子ども）のジェスチャーを 当て合う。 ○インタビューして友だちの今の状況 を尋ねさせる。 ・デモンストレーションにより、イ ンタビューの仕方や答え方を示す。 ・教室全体を使って、友だちの状況 を尋ねさせる。 ・友だちの名前を Activity(p.9)のあ てはまるところに書かせる。	◎名前を言って挨 拶を交わそうと する。
振返 (11分)	1. 振り返りカードを書く。 2. 授業の感想を述べる。 3. 歌を歌う。 4. 挨拶をする。 Thank you very much. Goodbye, Mr. (Ms.) 〜 . See you.	○振り返りカードを書かせる。 ○子どもを指名し感想を述べさせる。 ○Goodbye Song を歌わせる。 ○挨拶をする。 That's all for today. You did a great job! Goodbye, everyone. See you next time.	・視点を示して書 かせる。

授業を充実させるためのポイント

1. 積極的なインタビュー活動

　この時間にインタビューする「今の状況」は、子ども自身のその時の気持ちを表すようにさせます。自分の今の気持ちを友だちに知ってほしい、友だちの気持ちを知りたいという意欲をもたせたいものです。

　そのためには、その前のジェスチャーの説明で、ジェスチャーの効果に、気持ち（状況）の程度も伝えるように指導するくふうが考えられます。

　なぜ、そんなに幸せなのか。なぜ、そんなに元気なのか。子どもなりの理由を日本語で簡単にやり取りすることで、さらに友だちの気持ちを知りたくなり、子どもは積極的に聞いてみたくなることでしょう。

2. 目を見てインタビュー

　インタビューの際、子どもはメモを取ることを最優先にしがちで、相手の目を見ないで質問したり、答えたりすることが予想されます。メモとインタビューを別の場所で行うようにさせると、メモを取りながら聞くという状態がなくなります。

　また、インタビュー活動を2段階にして、1回目の活動時にモデルとなりうるペアを教師が把握し、1回目が終了した時点で、モデルペアに実演させ、良いところを他の子どもに見つけさせる活動を取り入れることも有効です。

　そして、2回目の活動に入ります。教師の側から「アイコンタクトに気を付けて」と伝えるより、子ども自身が目指すべき良い交流の姿を実際に見て、気付くことで、自分自身の活動に生かすようになります。

● 評価の注意点

　展開の3の場面で、子どもたちがジェスチャーや表情を使って友だちに伝えようとしているかを見取ります。教師は、子どもの活動の輪の中に入りながら、良いモデルとなる子どもを見つけ、賞賛しましょう。

　振り返りの活動の際に教師が子どもの活動の姿の良かった点を紹介することで、子どもが自信をもって以降の活動を行うことができるようになります。

Unit3

How many? (第1時／4時間)
数えてあそぼう

① 本時の目標と評価のポイント

(1)日本と外国の数の言い方の違いから、多様な考え方があることに気付く。（知識・技能）

(2)1〜10の言い方に慣れ親しむ。（知識・技能）

② 言語材料（表現）

How many（circles）?　Ten ~ .

Yes.　That's right.　No, sorry.

③ 指導案

時	子どもの活動	教師の活動	留意点（◎評価）
挨拶 (7分)	1. 挨拶をする。 Hello, Mr. (Ms.) Kawano. I'm fine.　How are you? 2. 友だちと挨拶をする。 3. スモールトークを聞き、内容ついての質問に答える。	○笑顔で、大きな声で挨拶をする。 Hello, everyone.　How are you? I'm happy, thank you. ○既習の表現を使って友だちと挨拶をさせる。 ○スモールトークをする。 ・「先生の好きな漢字は何でしょう。」	・単元のゴールを示す。
導入 (15分)	1. めあてを読んで確認する。 **世界のさまざまな数字の言い方を知ろう。** 2. Ten Steps を歌う。 3. ミッシングゲームをする。	○本時のめあてを確認する。 **世界のさまざまな数字の言い方を知ろう。** ○Ten Steps(p.10) を歌わせる。 ○1〜10の数字のカードのうち隠されたカードを当てる。	
展開 (15分)	1. じゃんけんゲームをする。 2. 映像を見て、どの国の数え方かを考えて番号を書く。	○じゃんけんをさせ、勝ったら○、あいこは△、負けは×をテキスト(p.12)の表に書かせる。 ・はじめの5回は教師と全体で、残りの5回は隣の友だちと活動させる。 ○Let's Watch and Think (p.12) を見せ、どの国の数え方かを考えさせる。	◎世界にはさまざまな数え方があることに気付く。
振返 (8分)	1. 振り返りカードを書く。 2. 授業の感想を述べる。 3. 挨拶をする。 4. 教師とハイタッチをする。 Thank you very much. Goodbye, Mr. (Ms.) 〜 . See you.	○振り返りカードを書かせる。 ○指名して感想を述べさせる。 ○挨拶をする。 ○一人一人と対話しハイタッチをする。 That's all for today. You did a great job! Goodbye, everyone. See you next time.	

授業を充実させるためのポイント

1. 単元のゴールを示す

　単元の見通しをもたせ、子どもたちが「やりたい。」という気持ちにさせるために、単元の導入はとても重要です。

　本単元は、「漢字クイズ」をゴールとし、ヒントとして画数を英語で教えること、そして、日本語で好きな理由を伝えることを初めのスモールトークで示します。

2. 歌を歌う　Ten Steps

　数の言い方に慣れ親しませるために歌います。たくさん身体を動かし、英語のリズムや音声に慣れ親しませるのが有効です。

　歌うスピードに変化を付けたり、その数のときは歌わずに手拍子を打ったり、振りを付けたりして歌わせることで活動への意欲の高まりが期待できます。

3. ミッシングゲーム

　数字カードをランダムに黒板に貼ります。"Close your eyes." と指示を出し、目をつぶらせます。1枚カードを黒板からはがし、"What's missing ?" と問い、なくなったカードが何かを当てさせます。

　慣れてきたら段階的に2枚、3枚と抜くカードを増やしていくと楽しめます。ゲームを通して、子どもに「言わせる」ことがポイントです。

4. じゃんけんゲーム

　教師は、○（circle）、△(triangle)、×(cross) の回数を "How many (circles)?" と尋ねます。その際、子どもたちが勝ち負けにこだわらないように指導することが大切です。

　1～10まで唱えて自分の当てはまる数のところで立たせたり、自分の当てはまる数まで手拍子をしながら唱えさせたりして、何度も行い、数の言い方に慣れ親しませることが目的であることを忘れないようにします。

● 評価の注意点

　展開の「2.　Let's Watch and Think」の場面でさまざまな国の数の言い方を聞いて、似ているところや違うところに気付いているかを見取っていきます。国によって数え方のジェスチャーが違うことに興味を持ち、真似をしながら聞く姿は、文化の違いに気付けていると評価で認めたい姿です。

　また中国語、韓国語、日本語の「3」の言い方が似ていることや、韓国語と中国語では「5」以降が似ていることなどに気付く子もいるでしょう。その他にも小さな気付きや数のおもしろさに気付いた子を大いに褒め、言葉の感性を育てていきます。

第2章　"Let's Try! 1" 35時間の指導案　　25

Unit3 How many?（第2時／4時間）
数えてあそぼう

1 本時の目標と評価のポイント
(1)11〜20の言い方や数の尋ね方に慣れ親しむ。（知識・技能）
(2)数を尋ねたり答えたりして伝え合う。（思考・判断・表現）

2 言語材料（表現）
How many ~ ?　Ten ~ .
Yes.　That's right.　No, sorry.

3 指導案

時	子どもの活動	教師の活動	留意点（◎評価）
挨拶 （7分）	1. 挨拶をする。 Hello, Mr. (Ms.) Kawano. I'm fine.　How are you? 2. 友だちと挨拶をする。 3. スモールトークを聞き、内容について質問に答える。	○笑顔で、大きな声で挨拶をする。 Hello, everyone.　How are you? I'm happy, thank you. ○既習の表現を使って友だちと挨拶をさせる。 ○自己紹介のスモールトークをする。 ・「先生は猫を何匹飼っていると言っていましたか。」	・分かりやすい語を使う。
導入 （15分）	1. めあてを読んで確認する。 **1〜20の数字を言ってみよう。** 2. Ten Steps を歌う。 3. チャンツを言う。	○本時のめあてを確認する。 **1〜20の数字を言ってみよう。** ○Ten Steps（p.10）を歌わせる。 ○How many（p.13）を言わせる。	
展開 （15分）	1. 身の回りの物の数を数える。 2. キーナンバーゲームをする。（11〜20） 3. おはじきゲームをする。（11〜20） 4. ナンバーリレーをする。	○テキスト（p.10〜11）の身の回りの物を数えさせる。 ○キーナンバーに指定した数字が言われたら、素早く立たせる。 ○テキスト（p.10〜11）の絵の周りの数字におはじきを置かせ、おはじきが置いてある数字が発音されたら、おはじきを取らせる。 ○班で輪になって手をつなぎ、11〜20までの数を一つずつ言わせる。20は全員で言い立ち上がらせる。	◎11〜20の言い方や数の尋ね方に慣れ親しんでいる。
振返 （8分）	1. 振り返りカードを書く。 2. 授業の感想を述べる。 3. 挨拶をする。 4. 教師とハイタッチをする。 Thank you very much. Goodbye, Mr. (Ms.) 〜 . See you.	○振り返りカードを書かせる。 ○指名し感想を述べさせる。 ○笑顔で、大きな声で挨拶をする。 ○一人一人と対話しハイタッチをする。 That's all for today. You did a great job! Goodbye, everyone. See you next time.	

26

授業を充実させるためのポイント

1.本時のスモールトークの例

ペットについてのスモールトークの中で数字を聞き取らせるのがねらいです。

Hello, everyone. I have pets. Do you have pets？ I have cats. I have three cats. They are one boy and two girls. Their names are Taro, Hime and Koto. They are my family.

2.キーナンバーゲーム

はじめに11〜20の中の1つの数字をキーナンバーに決めます。そして、"How many?" と子どもたちに聞かせ、教師がランダムに11〜20の数を1つ言い、それがキーナンバーであれば、子どもは立ち上がる活動です。

1から順に唱えていきキーナンバー以外は手を打たせたり、キーナンバーを決める係を子どもにしたり、一人一つずつ順番に数を言わせたり、グループごとに活動させたりとさまざまな形で行えます。

準備物もなく短時間で行えるので、"Key number is five." といった掛け声を活動の合図にし、毎日少しずつ繰り返すと慣れ親しみに効果大です。活動に変化をもたせ、意欲が持続し高まるような工夫をすることが大切です。

3.活動ごとの評価

活動ごとに、短く具体的に教師が評価を入れ、子どもに意欲を高めさせます。特に態度面での個々の良さや頑張りを伝えることで、他の子どもにも目指す姿を意識させられます。

このとき、上手か下手かや、順位を付けるなど、競争心をあおることはせず、全体が前向きに学び合おうとする学習集団になれるような褒め方をすることが大切です。

認められることは、子どもの自信につながり、「外国語活動が楽しい。外国語が好き。」という気持ちが生まれることになります。

● 評価の注意点

主に、展開の4つのさまざまな活動を通して、11〜20の数の言い方に慣れ親しんでいるか、数を尋ねる言い方を一生懸命に発しているかを見取っていきます。授業の終わりには、フラッシュカードを使って教師が "How many ?" と数を聞き、子ども一人一人と触れ合うことで子どもの実態がつかめます。

一回で分からなかった子どもには、教師が言ったことを繰り返させることも重要です。単元の学習を進めていくうちに徐々に一人で言えるようになると大きな成長です。

答えた後には、ハイタッチをして学習を頑張ったことを褒めたたえると、気持ちよく授業を終えられます。

Unit3 How many? (第3時/4時間)
数えてあそぼう

1 単元目標と評価のポイント

(1)1～20の数の言い方や数の尋ね方に慣れ親しむ。（知識・技能）

(2)数を尋ねたり答えたりして伝え合う。（思考・判断・表現）

2 言語材料（表現）

How many ~ ? Ten ~ .

Yes. That's right. No, sorry.

3 指導案

時	子どもの活動	教師の活動	留意点（◎評価）
挨拶 (7分)	1. 挨拶をする。 Hello, Mr. (Ms.) Kawano. I'm fine. How are you? 2. 友だちと挨拶をする。 3. スモールトークを聞き、内容についての質問に答える。	○笑顔で、大きな声で挨拶をする。 Hello, everyone. How are you? I'm happy, thank you. ○既習の表現を使って友だちと挨拶をさせる。 ○スモールトークをする。 ・「先生の筆箱の中には何が入っていましたか。」	・分かりやすい語を使う。
導入 (15分)	1. めあてを読んで確認する。 **数字を尋ねたり答えたりして伝え合おう。** 2. Ten Steps を歌う。 3. チャンツを言う。	○本時のめあてを確認する。 **数字を尋ねたり答えたりして伝え合おう。** ○Ten Steps を歌わせる。 ○Let's Chant（p.13）を言わせる。	
展開 (15分)	1. じゃんけんゲームをする。 （2回目） 2. How many apples ?クイズをする。 3. 同じ数のりんごを持っている友だちを見つける。	○じゃんけんをさせ、テキスト（p.12）の表に書かせる。 ・1回目と合わせて、○△×それぞれの形がいくつあるかを数えさせる。 ○デジタル教材の画面に映し出されるものについて、数を尋ねたり答えたりさせる。 ○Activity 1（p.13）のりんごの絵に好きな数だけ色を塗り、その数を尋ね合う活動をさせる。	◎数を尋ねたり答えたりして伝え合う。
振返 (8分)	1. 振り返りカードを書く。 2. 授業の感想を述べる。 3. 挨拶をする。 4. 教師とハイタッチをする。 Thank you very much. Goodbye, Mr. (Ms.) ～ . See you.	○振り返りカードを書かせる。 ○指名し感想を述べさせる。 ○挨拶をする。 ○一人一人と対話しハイタッチをする。 That's all for today. You did a great job! Goodbye, everyone. See you next time.	

授業を充実させるためのポイント

1. スモールトーク

　ここでは、教師の筆箱の中身に関するスモールトークをします。持ち物の文房具は、子どもたちにとって大変身近な話題です。スモールトークを教師の筆箱の中味を当てるクイズ形式にしても、子どもはわくわくするでしょう。

　また、実際に実物を見せながら紹介することも興味をもって聞かせるのに有効的です。

　Hello, everyone. This is my pencil case. I love it. What do I have in my pencil case?
　I have twelve pens, four pencils, a ruler, a glue and an eraser. What do you have in your pencil case ?

2. 既習表現を使った挨拶

　挨拶では、全体での定型の挨拶の後、前単元などで学んだ表現を使って挨拶をさせます。既習内容を繰り返し使わせ、慣れ親しませることを目的に行います。

　はじめに担任とALTとの会話を聞かせた後に、子どもたちに活動をさせます。アイコンタクト、スマイルなどは教師がモデルになっていることを意識して行います。

3. 数を尋ね合う活動

　ここでは、自分と同じ数のりんごを塗った友だちを見付けるために、数を尋ねたり答えたりする活動を行います。同じ数の友だちを見付けた時の喜びが、コミュニケーションの楽しさを実感させることにつながります。

　"How many apples do you have?" と尋ね、"I have ~ apples." と答えさせます。段階的に活動を行い、繰り返して表現に慣れ親しませるくふうを図ること、それが子どもが自信をもってコミュニケーションを図る姿につながります。

● 評価の注意点

　展開の「3. 同じ数のりんごを持っている友だちを見つける。」場面で、目を見て一生懸命に話しているか、男女分け隔てなく話しているか、進んで数を尋ねたり答えたりしているかを見取っていきます。

　途中で一度活動を止め、目指す姿で活動できている子を全体に紹介すると、他の子の2回目の活動の姿が良い方向に変わります。2回目の活動の後にも、良くなった子を友だちの姿から学んで成長した人として紹介し、全体に広げていきます。

第 2 章 "Let's Try! 1" 35 時間の指導案　29

Unit3 How many? (第4時/4時間)
数えてあそぼう

1 単元目標と評価のポイント

(1) 1 ～20の数の言い方や数の尋ね方に慣れ親しむ。（知識・技能）

(2) 相手に伝わるように工夫しながら数を尋ねたり答えたりしようとする。（思考・判断・表現）

2 言語材料（表現）

How many ~ ?   Ten ~ .

Yes.   That's right.   No, sorry.

3 指導案

時	子どもの活動	教師の活動	留意点（◎評価）
挨拶 (7分)	1. 挨拶をする。 Hello, Mr. (Ms.) Kawano. I'm fine. How are you? 2. 友だちと挨拶をする。 3. スモールトークを聞き、内容についての質問に答える。	○笑顔で、大きな声で挨拶をする。 Hello, everyone. How are you? I'm happy, thank you. ○既習の表現を使って友だちと挨拶をさせる。 ○スモールトークをする。 • 「私は誰でしょう。」	• 分かりやすい語を使う。
導入 (15分)	1. めあてを読んで確認する。 **くふうして数字をたずねたり答えたりして伝え合おう。** 2. Ten Steps を歌う。 3. チャンツを言う。	○本時のめあてを確認する。 **くふうして数字をたずねたりして伝え合おう。** ○ Ten Steps を歌わせる。 ○Let's Chant（p.13）を言わせる。	
展開 (15分)	1. ナンバーリレーをする。 2. How many ゲームをする。 3. 好きな漢字を紹介し合う。	○班で輪になって手をつなぎ、1～20までの数を一つずつ言わせる。 ○1～20の数字のカードをペアでランダムに10枚ずつ配り、同じ数字が2枚以上あればそれらのカードを捨て、残ったカードの枚数を尋ね合わせる。 ○ Activity 2（p.13）に、好きな漢字を書かせ、その画数を尋ねたり答えたりして、好きな漢字を紹介し合わせる。	◎相手に伝わるように工夫しながら数を尋ねたり答えたりしようとする。
振返 (8分)	1. 振り返りカードを書く。 2. 授業の感想を述べる。 3. 挨拶をする。 4. 教師とハイタッチをする。 Thank you very much. Goodbye, Mr. (Ms.) ～ . See you.	○振り返りカードを書かせる。 ○指名し感想を述べさせる。 ○挨拶をする。 ○一人一人と対話しハイタッチをする。 That's all for today. You did a great job! Goodbye, everyone. See you next time.	

授業を充実させるためのポイント

1.スモールトーク

"Who am I?"クイズをスモールトークに入れます。思考力を育てるにも非常に良い活動になります。本Unitで学ぶ数に関する情報も入れましょう。

Hello. I have some quizes.

（例１）I have big ears and a long nose. Who am I?
　　　　That's right. I'm an elephant.

（例２）I'm black. I'm very small. I have six legs. I like sweets. Who am I?
　　　　That's right. I'm an ant.

2.必然性がある活動

How many ゲームでは、ペアになって "How many cards?" とお互いに持っているカードの枚数を尋ね合わせます。その後、じゃんけんをして勝った方が、カードを交換するかしないかを決めることができます。子どもは、より大きい数（多くの枚数）を求め、次々にペアを変えて活動することでしょう。

尋ね合う必然性が自然に生まれ、伝わる喜びやコミュニケーションの楽しさを味わわせることができます。

活動後には、大きい数を持っている子を認めるだけでなく、たくさんの友だちに自分から声をかけていた子を大いに認め、活動に意欲的に参加する態度を全体に広げていきます。

3.他教科との関連

ここでは、国語科と関連した学習を行います。１～13画程度の漢字の中から自分が好きなものを一つ選び、紹介し合う活動です。

ペアになり、お互いの好きな漢字を当てるクイズを出し合います。ヒントとして "How many strokes?" と画数を尋ねることができます。さらに好きな理由を日本語で紹介し合う中で、他教科の学びを生かすとともに、仲間との相互理解が深まるきっかけにもなります。

● 評価の注意点

展開の「２．持っている数字を尋ね合う」場面や「３．好きな漢字を紹介し合う」場面で、積極的に数を尋ねたり答えたりしようとしているか、相手に伝わるように工夫しているかを見取っていきます。

相手あっての活動なので、活動後に、子どもに、気付いた友だちの良さとその理由を発表させることで、活動中は一度に見取れなかった子どもの頑張りに教師の側が気付いたり、個人の伝えるくふうを全体に広げたりすることも期待できます。

第２章　"Let's Try! 1" 35時間の指導案

Unit4 I like blue. (第1時／4時間)
すきなものをつたえよう

① 本時の目標と評価のポイント
(1)多様な考え方があることに気付く。（知識・技能）
(2)色の言い方に慣れ親しむ。（知識・技能）

② 言語材料（表現）
I like (blue).

③ 指導案

時	子どもの活動	教師の活動	留意点（◎評価）
挨拶 (7分)	1. 挨拶をする。 Hello, Mr. (Ms.) Kawano. I'm good. How are you? 2. ペアで挨拶をする。 （前時と列を交代して） 3. スモールトークを聞き、内容についての質問に答える。	○笑顔で、大きな声で挨拶をする。 Hello, everyone. How are you? I'm hot, thank you. ○ペアで挨拶をさせる。 （前時と列を交代して） ○スモールトークをする。 ・「先生は何を持ってきたと言っていましたか。」	・分かりやすい語を使う。
導入 (3分)	1. めあてを読んで確認する。 **好きな色で自分だけの虹を作ろう。**	○本時のめあてを確認する。 **好きな色で自分だけの虹を作ろう。**	
展開 (27分)	1. 自分の虹を作る。 2. 映像を見て、世界の子どもの虹と自分の虹を比べる。 3. The Rainbow Song を歌う。 4. チャンツを言う。 5. 音声を聞いて、絵の子どもと色を線で結ぶ。	○ Activity1（p.15）の誌面の虹に自由に色を塗り、自分の虹を描かせる。 ・「自分の好きな色できれいな虹を描いてみよう。」 ○ Let's Watch and Think 1（p.14）を見せ、子どもに尋ねる。 ・「世界の子どもたちの描く虹と自分の虹を比べてみましょう。」 ○ Let's Sing（p.15）を聞かせ歌わせる。 ○ Let's Chant（p.15）を聞かせ言わせる。 ○ Let's Listen 1（p.16）を聞かせて、絵の子どもと色を線で結ばせる。	◎多様な考え方があることに気付く。 ◎日本語と英語の違いに気付く。
振返 (8分)	1. 振り返りカードを書く。 2. 授業の感想を述べる。 3. 挨拶をする。 Thank you very much. Goodbye, Mr. (Ms.) 〜. See you.	○振り返りカードを書かせる。 ○子どもを指名し感想を述べさせる。 ○挨拶をする。 That's all for today. You did a great job! Goodbye, everyone. See you next time.	

授業を充実させるためのポイント

1. スモールトーク

　封筒の中に虹の写真を入れておき、ヒントを出して、子どもたちに何が入っているか尋ねます。

　Hello, everyone. Look at this. In this envelope, I have a photo of something. It's very beautiful. It has 7 colors. 赤（red）・橙（orange）・黄（yellow）・緑（green）・青（blue）・藍（indigo）and 紫（violet）We can see it after the rain. What's this?
　Yes, it's a rainbow.

　前 Unit で学んだことや本 Unit で学ぶことを含めることで、子どもたちに、どんなことを勉強できるのかな、何が始まるのかなという期待感をもたせ、Unit をスタートさせます。

2. 歌を歌う　The Rainbow Song

　新しい言葉との出会いに歌を用います。いきなり歌わせるのではなく、色と言葉を結びつけながら言葉の意味を考えさせます。色紙を用いたり、誌面にある虹を指さしたりする等のくふうをして、言葉と色を丁寧に結びつけながら慣れ親しませます。
　子どもたちは、外来語を通して、いくつかの語については知っていると思います。今まで使っていた単語の正しい発音や、日本語との違いに気付かせることがポイントです。

3. 多様な見方があることに気付かせる

　本単元のゴールで目指す子どもの姿は、「相手に伝わるようにくふうしながら、自分の好きなものを紹介している姿」です。本時では、虹を描く活動を通して多様な見方があることに気付かせます。
　一人一人の違いを認め合い楽しめるような活動にしたいものです。

● 評価の注意点

　展開の「2. 映像を見て虹を比べる。」場面の中で、同年代の外国の子どもたちが描く虹と自分たちの描いた虹の作品を比べながら、相違点や共通点に気付かせたり、考えさせたりします。
　同じ虹を見ても、その捉え方は多様であることや、違いを認め合うことの大切さに気付く機会とします。
　「○○という国では、○○色で虹を描く」といったステレオタイプ的な理解にとどまらないように十分に配慮します。

第2章　"Let's Try! 1" 35時間の指導案　　33

Unit4　I like blue. (第2時/4時間)
すきなものをつたえよう

① 本時の目標と評価のポイント

(1)音声やリズムについて外来語を通して日本語と英語の違いに気付く。（知識・技能）

(2)好きかどうかを表す表現に慣れ親しむ。（知識・技能）

② 言語材料（表現）

I like (blue).　Do you like (blue)?　Yes, I do. / No, I don't.　I don't like (blue).

③ 指導案

時	子どもの活動	教師の活動	留意点（◎評価）
挨拶 (7分)	1. 挨拶する。 Hello, Mr. (Ms.) Kawano. I'm good. How are you? 2. ペアで挨拶をする。 3. スモールトークを聞き、内容についての質問に答える。	○笑顔で、大きな声で挨拶をする。 Hello, everyone. How are you? I'm hot, thank you. ○ペアで挨拶をさせる。 ○スモールトークをする。 • 「先生は何が好きで何が嫌いと言っていましたか。」	• 分かりやすい語を使う。
導入 (5分)	1. めあてを読んで確認する。 **先生の好きなものと苦手なものを知ろう。** 2. The Rainbow Song を歌う。 3. チャンツを言う。	○本時のめあてを確認する。 **先生の好きなものと苦手なものを知ろう。** ○Let's Sing（p.15）を聞かせ歌わせる。 ○Let's Chant（p.15）スポーツ編を聞かせ言わせる。	
展開 (25分)	1. 先生の好きなものとそうでないものを聞く。 2. キーワードゲームをする。 3. 音声を聞いて番号を書く。	○色とスポーツの絵カードを用いて、教師の好きなものとそうでないものを伝える。 ○キーワードゲームを色とスポーツで行う。キーワードは子どもに決めさせる。子どもは教師が言う、I like ～. や I don't like ～. の表現を繰り返して言う。 ○Let's listen 2（p.16）を聞かせる。 「好き嫌いを聞いて、番号を表に書こう。」	◎好きかどうかを表す表現に慣れ親しむ。 ◎音声やリズムについて外来語を通して日本語と英語の違いに気付く。
振返 (8分)	1. 振り返りカードを書く。 2. 授業の感想を述べる。 3. 挨拶をする。 Thank you very much. Goodbye, Mr. (Ms.) ～. See you.	○振り返りカードを書かせる。 ○子どもを指名し感想を述べさせる。 ○挨拶をする。 That's all for today. You did a great job! Goodbye, everyone. See you next time.	

授業を充実させるためのポイント

1. スモールトーク

　子どもが毎日食べる給食を扱ったスモールトークです。身近で簡単な事柄について、外国語で聞いたり話したりして自分の考えや気持ちなどを伝え合う力の素地を養うことをねらいとします。（下記のメニュー例は、岩手県内にある学校の復興支援給食です。）

　Do you know what today's lunch menu is ? We'll have rice, milk, wild vegetables *Hittsumi* dumplings, fish simmered in ginger, simmered sliced-*kombu*.

　I like *Hittsumi* dumplings very much.

（メニュー：ごはん、牛乳、山菜ひっつみ、さんまの生姜煮、すき昆布の煮物）

2. キーワードゲーム

　はじめにゲームのルールを伝えます。余計な日本語を使わないためにも、デモンストレーションを有効に用いましょう。

　まず、教師と **ALT**、その次に、やってみたいと意欲のある子どものボランティアで行って見せます。簡潔な英語と身振りでルールの確認を行うようにします。子どもの代表が行うことで、見ている子どもも見通しをもち自信や意欲を高めることができます。

　キーワードゲームのやり方には、①消しゴムを取り合う。②一方が手で輪のような形を作り、もう一方がその輪の中に指を差し入れておき、キーワードが聞こえたら、輪の方は指をつかまえようとして輪を閉じ、指の方は輪が閉じる前に逃げようとして指を引っ込めるといった攻防をする。等のパターンがあります。

3.「気付き」について

　外国語活動では、教師が子どもに気付きを促すためのくふうや仕掛けを散りばめます。しかし、それに気が付くかどうかは、子ども次第というくらいの余裕を持って見守りたいものです。

　気付いてほしいがために、教師が押し付けてしまうと、それは「気付き」ではなくなってしまうので注意しましょう。

● 評価の注意点

　展開の「2. キーワードゲーム」の場面を見て、集中して聞いているか、ゲームの勝ち負けにこだわり過ぎずに、教師や **ALT** の発する語の後に適切に繰り返し発音できているかを見取っていきます。

　たとえゲームでポイントが取れなくても、「集中チャンピオン」「クリアボイスチャンピオン」「グッドイヤー（よく聞き取っている）チャンピオン」等を取り挙げて、子どもを前向きにする声掛けも大切にします。

第 2 章 "Let's Try! 1" 35 時間の指導案　35

Unit4 I like blue. （第3時／4時間）
すきなものをつたえよう

① 本時の目標と評価のポイント
(1)好きかどうかを尋ねたり答えたりする表現に慣れ親しむ。（知識・技能）
(2)相手の好きなもの、嫌いなものを推測しながら聞き合う。（思考・判断・表現）

② 言語材料（表現）
I like (blue). Do you like (blue)? Yes, I do. / No, I don't. I don't like (blue).

③ 指導案

時	子どもの活動	教師の活動	留意点（◎評価）

挨拶
（7分）
	1. 挨拶をする。
	  Hello, Mr. (Ms.) Kawano.
	  I'm good. How are you?
	2. グループ（3〜4人）で挨拶をする。
	3. スモールトークを聞き、内容についての質問に答える。
		○笑顔で、大きな声で挨拶をする。
		  Hello, everyone. How are you?
		  I'm hot, thank you.
		○グループで挨拶をさせる。
		
		○スモールトークをする。
		  •「先生はクラスの友だちのどんなところが好きだと言っていましたか。」
			・分かりやすい語を使う。

導入 （10分）	1. めあてを読んで確認する。 **ALTの好きなスポーツと苦手なスポーツを知ろう。** 2. チャンツを言う。	○本時のめあてを確認する。 **ALTの好きなスポーツと苦手なスポーツを知ろう。** ○Let's Chant（p.15）を聞かせ言わせる。色から、スポーツにかえて言わせる。	

展開
（20分）
	1. 二人の会話を聞いて、好きなものを○で囲む。
	
	2. 映像を見て、好きなものに○を、嫌いなのもに△をつけて、尋ねる。
	
	3. メモリーゲーム
	  ALTの好きなスポーツと苦手なスポーツを聞き取る。
		○Let's listen 3（p.16）を聞かせ、子どもに尋ねる。
		  •「ヤマトとエミリーの好きなもの、嫌いなものは何でしょう。」
		○Let's Watch and Think 2（p.17）を見せ、子どもに尋ねさせる。
		  •「映像の登場人物の好きなものに○、嫌いなものに△をつけて、尋ねましょう。」
		○ALTの話すスポーツをグループで協力して聞き取らせ、その絵カードを机の上に並べさせる。
		○ゲームの後に、その他のスポーツについても、Do you like〜？を用いて、数人にインタビューさせる。
		ALTは、子どもの質問に答えた後、同じ質問を子ども又は全体にもする。
			・はじめに予想させる。
			
			◎好きかどうか尋ねたり、答えたりする表現に慣れ親しんでいる。
			
			・ALTが答える前に答えを推測させる。

振返
（8分）
	1. 振り返りカードを書く。
	2. 授業の感想を述べる。
	3. 挨拶をする。
	  Thank you very much.
	  Goodbye, Mr. (Ms.)〜.
	  See you.
		○振り返りカードを書かせる。
		○子どもを指名し感想を述べさせる。
		○挨拶をする。
		  That's all for today.
		  You did a great job!
		  Goodbye, everyone.
		  See you next time.	

授業を充実させるためのポイント

1. スモールトーク

　英語力を高めるだけでなく、相手を思いやる気持ちや、主体的に学習に取り組む気持ちが大切であることを伝えます。

　Hello, everyone! Yesterday, I saw Sachiko-san. She cleaned our classroom very hard.
She always says OHAYOUGOZAIMASU to everybody. Thanks to her, I always feel great. I really like her very much.（代名詞を固有名詞に替えて言うのもよいです。）

2. メモリーゲーム

　グループで力を合わせて聞くことで、ゲーム的な要素も加わり楽しく聞き取ることができます。

　はじめに、グループでALTが何が好きかを予想させてから、話を聞く活動に入ると、活動に意外性や必要感が生まれます。

　慣れてくると、子どもたちは、カードを増やしてほしい、もっとスピードを上げてほしいなど、自らゲームのハードルを上げるように要求することがあります。これは、意欲が高まっている表れです。

　上手に子どもたちの気持ちを乗せることで、意欲をさらに高めることができます。

3. ALTとの協働

　ALTとのティームティーチングを行う際、最も大切なことは、子どもとALTが一対一で伝え合う場を（可能な限り）設定することです。

　ALTには子どもにとってモデルを示してもらうインプットの場面だけでなく、子どものアウトプットを引き出し、子どもを評価する場面で活躍してもらうことができます。ALTとの打ち合わせの際、単元のゴールにおける子どもの姿について、共有することが大切です。

● 評価の注意点

　展開の「3. メモリーゲーム」の場面を見て、主体的に活動に参加する態度をチェックしながら、表現に慣れ親しんでいるかを見取ります。

　評価の観点は、尋ねたり、答えたりする表現に慣れ親しむことですが、アウトプットについては焦らず、ここではしっかりと聞き取れているかを評価します。

第2章　“Let's Try! 1” 35時間の指導案　　37

Unit4 I like blue. （第4時／4時間）

すきなものをつたえよう

1 本時の目標と評価のポイント

(1)自分の好みを伝え合う。（思考・判断・表現）

(2)相手に伝わるように工夫しながら、自分の好みを紹介しようとする。（学びに向かう態度）

2 言語材料（表現）

Do you like (blue)?　Yes, I do. / No, I don't.　I don't like (blue).

3 指導案

時	子どもの活動	教師の活動	留意点（◎評価）
挨拶 (7分)	1. 挨拶をする。 　Hello, Mr. (Ms.) Kawano. 　I'm good. How are you? 2. ペアで挨拶をする。 3. スモールトークを聞き、内容についての質問に答える。	○笑顔で、大きな声で挨拶をする。 　Hello, everyone. How are you? 　I'm hot, thank you. ○ペアで挨拶をさせる。 ○スモールトークをする。 　・「先生は何が好きで何が嫌いと言っていましたか。」	• 分かりやすい語を使う。
導入 (5分)	1. めあてを読んで確認する。 **好きなものを言って、自己紹介をしよう。** 2. チャンツを（質問しながら）言う。	○本時のめあてを確認する。 **好きなものを言って、自己紹介をしよう。** ○Let's Chant (p.15③、質問しながら)を言わせる。	
展開 (25分)	1. ステレオゲームを行う。 　・代表の子ども数名にそれ以外の子ども全員でDo you like〜？と尋ねる。 　・代表の子どもは一斉にYes, I do. / No, I don't. で答える。 2. 友だちの好きなものを予想する。 3. 好きなものと好きでないものを書く。 4. 自己紹介ゲーム	○教師用の絵カードを示しながら、代表の子どもにそれ以外の子ども全員で質問をさせる。 ○数回チャレンジした後、他の子どもにも問いかけて表現に慣れ親しませる。 ○テキストの表にあるものについて、友だちの好みを予想し、インタビューをして答えさせる。 ○教師がモデルを示し、シートの書き方を理解させる。 ○グループで、自分の好みを交えて自己紹介をし合うようにさせる。	 • 普段の様子から予想させる。 • テキストのシートを活用する。 ◎進んで自分の好みを伝えようとしている。
振返 (8分)	1. 振り返りカードを書く。 2. 授業の感想を述べる。 3. 挨拶をする。 　Thank you very much. 　Goodbye, Mr. (Ms.) 〜. 　See you.	○振り返りカードを書かせる。 ○子どもを指名し感想を述べさせる。 ○挨拶をする。 　That's all for today. 　You did a great job! 　Goodbye, everyone. 　See you next time.	

授業を充実させるためのポイント

1. スモールトーク

　子どもに場面や状況を理解させることが大切です。レストランやペットショップ等の場面を設定し子どもに話させることで、子どもの興味が増し、大切なことを落とさずに聞こうとする意欲が高まります。

　Today, we are in a pet shop. There are many animals. We see cats, goldfish, dogs and hamsters. I like dogs very much. They are cute. But, I don't like lizards. They are not cute. They are scary.

2. ステレオゲーム

　子どもが集中して聞くことができるようにカテゴリーを決めてから行います。カテゴリーを決めて質問をすることで、次のUnit 5で用いる表現 "What 〜 do you like?" の良さ（まとめて聞くことができる）に気付く子どもが現れます。

　ゲームを行うこと自体が目的にならないようにすることが大切です。

　話す側の代表の子どもは、相手に伝わるような声の大きさで話すように、聞く側の子どもは、相手が話しやすくなるような表情や態度を心掛けるように教師が声をかけることで、相手意識や相手に配慮する態度が子どもに養われます。

3. 自己紹介ゲーム

　ワークシートにばかりに目がいかないように声をかけます。ゲームの前に良いコミュニケーションと悪いコミュニケーションの例を見せることで活動の見通しをもつことができます。

　活動を途中で一度止めて、修正をすることも大切です。

　また、コミュニケーションをうまく取っている子どもを取り上げたり、英語を使ってコミュニケーションを図る大切さを確認したりします。

● 評価の注意点

　展開の「4. 好みを交えて自己紹介をし合う」場面を見て、照れずに一生懸命に話しているか、男女隔てなく英語で伝えようとしているかを見取っていきます。

　できたかできないかを見取ることも大切ですが、英語で伝えあぐねている子どもには、教師が優しい英語で置き換えてあげて、次への意欲につなげることも必要です。

第2章 "Let's Try! 1" 35時間の指導案　39

Unit5 What do you like? (第1時/4時間)
何がすき？

1 本時の目標と評価のポイント

(1)日本語と英語の音声の違いに気付き、身の回りのものの言い方や、何が好きかを尋ねたり答えたりする表現に慣れ親しむ。（知識・技能）

2 言語材料（表現）

What do you like?　I like (tennis).　What (sport) do you like?　I like (soccer).

3 指導案

時	子どもの活動	教師の活動	留意点（◎評価）
挨拶 (7分)	1. 挨拶をする。 Hello, Mr. (Ms.) Kawano. I'm fine. How are you? 2. ペアで挨拶をする。 3. スモールトークを聞き、内容についての質問に答える。	○笑顔で、大きな声で挨拶をする。 Hello, everyone. How are you? I'm happy, thank you. ○ペアで挨拶をさせる。 ○スモールトークをする。 •「先生は何の食べ物が好きと言いましたか。」	• 本時につながる単語を使う。
導入 (15分)	1. めあてを読んで確認する。 **食べ物や果物の言い方に慣れよう。** 2. 単語の言い方を知る。	○本時のめあてを確認する。 **食べ物や果物の言い方に慣れよう。** ○単語の言い方を示す。	
展開 (15分)	1. ポインティングゲームをする。 2. キーワードゲームをする。 3. チャンツを言う。 4. クラスの好きなものランキングを作ることを知る。	○単語をランダムに発話し、復唱しながら誌面の絵カードに指をささせる。 ○キーワードの単語を発話したら、消しゴムを取らせる。 ○Let's Chant(p.19)を聞かせ、言わせる • 色編、果物編、食べ物編を言わせる。 ○友だちのことをもっと知るために、単元の終わりにクラスの好きなものランキングを作ることを知らせる。	◎何が好きかを尋ねたり答えたりする表現を話す。
振返 (8分)	1. 振り返りカードを書く。 2. 授業の感想を述べる。 3. 挨拶をする。 Thank you very much. Goodbye, Mr. (Ms.) 〜 . See you.	○振り返りカードを書かせる。 ○感想を述べさせる。 ○挨拶をする。 That's all for today. You did a great job! Goodbye, everyone. See you next time.	

40

授業を充実させるためのポイント

1. スモールトーク

　このUnit 5は、何が好きかを尋ねたり答えたりする活動が中心となります。そのため、4時間を通じて、さまざまなカテゴリーの内から、好きな物を紹介したり、子どもに答えさせたりします。カテゴリーを変化させることにより、教師が文構造を明示的に教えるのではなく、子どもが気付き体験的に理解していくことになります。

　Good morning. What food do you like? I like sweets. I like cakes. I like chocolates.
　What food do you like? Thank you.

2. 単語に出会う

　子どもが新しい単語に出会う時、ただくり返すのでは、発音ができるようになるためだけの練習だと感じて、意欲が低下してしまいます。やり取りの中で新しい単語に出会わせてあげることが肝要です。

　例えば、子どもにWhat sport do you like?と聞き、答えたスポーツの絵カードを持っていたら、そのカードを示し、その単語の発音をくり返させます。

　持っていない時には、Sorry. と言わせ、別の子どもを指名します。何度かやり取りをしたら、What fruit do you like?など、カテゴリーを変化させます。ただ、長い時間に渡って行うと飽きたり、授業の残り時間がなくなったりするので、子どもの様子を十分みながら行いましょう。

3. キーワードゲーム

　ポインティングゲームを通して子どもは、絵（意味）と聞いた音（単語）とを一致することができるようになるので、キーワードゲームでは、子どもに質問をさせた後で、その答えを教師につづいてくり返す活動へ発展させます。

　例えば、1回目はスポーツに限定し、子どもにWhat sport do you like?と言わせ、教師がI like ～ . と答え、表現をくり返させます。ゲームを通して自然に表現に慣れることができます。

4. What （　）do you like ?

　（　）の中には、単数・複数どちらも使われますが、本書では文科省の教材に合わせて、単数を使っています。

● 評価の注意点

　展開の「4．キーワードゲームをする。」や「5．チャンツを言う。」場面において、表現をしっかりと聞き、意欲的に発話しているかを見取るようにしましょう。くり返しなどは比較的に機械的な活動なので、うまくできていない子どもに注目しておくとフィードバックが返しやすくなります。

第2章　"Let's Try! 1" 35時間の指導案　　41

Unit5

What do you like? (第2時／4時間)
何がすき？

1 本時の目標と評価のポイント

(1)日本語と英語の音声の違いに気付き、身の回りのものの言い方や、何が好きかを尋ねたり答えたりする表現に慣れ親しむ。（知識・技能）

(2)何が好きかを尋ねたり答えたりして伝え合う。（思考・判断・表現）

2 言語材料（表現）

What do you like? I like (tennis). What (sport) do you like? I like (soccer).

3 指導案

時	子どもの活動	教師の活動	留意点（◎評価）
挨拶 (7分)	1. 挨拶をする。 2. スモールトークを聞き、内容についての質問に答える。	○笑顔で、大きな声で挨拶をする。 ○スモールトークをする。 ・「先生は何のスポーツが好きと言いましたか。」	・本時につながる単語を扱う。
導入 (10分)	1. めあてを読んで確認する。 **友だちの好きなものを知ろう。** 2. 単語の言い方を確認する。 3. キーワードゲームをする。 4. チャンツを言う。	○本時のめあてを確認する。 **友だちの好きなものを知ろう。** ○単語の言い方を示す。 ○キーワードゲームをさせる。 ○Let's Chant（p.19）を聞かせ、言わせる。	

展開
(20分)
	1. Let's Listen（p.20）を行う。
	 ・はじめは個人で活動し、その後もう一度聞き、ペアで答えを確認する。
	
	2. Activity 1（p.20）を行う。
	 ・デモンストレーションを見て、活動の仕方を知る。
	 ・ワークシートに友だちの好きなものの予想を書き、尋ね合う。
		○Let's Listen（p.20）を聞かせ、登場人物が好きなものを選んで、線で結ばせる。
		 ・再度聞かせ、ペアで答え合わせをさせる。その後、全体で確認する。
		
		○担任とALT等（担任1人2役）で、デモンストレーションを行う。
		 ・Hello,Ren. What fruit do you like?
		  — I like strawberries.
		  What color do you like?
		  （色、スポーツも同様。）
		  Thank you.
		○友だちが好きなものを、尋ねたり答えたりさせる。
		 ・結果を発表させる。
			◎何が好きかを尋ねたり答えたりする。

振返 (8分)	1. 振り返りカードを書く。 2. 授業の感想を述べる。 3. 挨拶をする。 Thank you very much. Goodbye, Mr. (Ms.) 〜 . See you.	○振り返りカードを書かせる。 ○感想を述べさせる。 ○挨拶をする。 That's all for today. You did a great job! Goodbye, everyone. See you next time.	

42

授業を充実させるためのポイント

1. スモールトーク

　前時の学習から、子どもは、本時は好きな食べ物やスポーツについて尋ねたり答えたりする内容であることを理解しています。第2時なので、直接学習につながるテーマを題材にし、子どもに学習内容を想起させ、本時の活動につなげます。

（オリンピックのロゴなどをみせながら）　Hello. In 2020, in Tokyo, we have the Olympic Game. We can watch many sports. I like baseball. I like Ohtani Shohei. He is a great baseball player. He is very cool. What sport do you like?

2. デモンストレーション

　デモンストレーションを行うことにより、子どもにこれからどんな活動をするのかを自分で想像することができます。実際の活動場面をみながら、知っている表現や単語をもとに、内容を理解しようとするため、聞く力が伸びることも期待できるでしょう。

　本時では、実際のやり取りだけではなく、「予想する」ということも伝えます。そこで子どもの理解を助けるのは、デモンストレーションをしている時の担任の表情やジェスチャーです。考えている動きなどを分かりやすく、スムーズに取り入れられるとよいでしょう。

　ただし、不必要なジェスチャーかどうかには注意をします。子どもたちにとって分かりやすくなるようなジェスチャーを効果的に取り入れたいものです。

● 評価の注意点

　展開2のActivityの場面で、子どもが自主的に友だちに声をかけようとしているか、英語を使いながら会話をし、相手のことを知ったり、自分の思いを伝えたりしているかを見取ります。

第2章 "Let's Try! 1" 35時間の指導案　43

Unit5

What do you like?（第3時/4時間）
何がすき？

1 本時の目標と評価のポイント

(1)何が好きかを尋ねたり答えたりして伝え合う。（思考・判断・表現）

(2)相手に伝わるように工夫しながら、何が好きかを尋ねたり答えたりしようとする。
（学びに向かう姿勢）

2 言語材料（表現）

What do you like?　I like (tennis).　What (sport) do you like?　I like (soccer).

3 指導案

時	子どもの活動	教師の活動	留意点（◎評価）
挨拶 (7分)	1. 挨拶をする。 2. スモールトークを聞き、内容についての質問に答える。	○笑顔で挨拶をする。 ○スモールトークをする。 　•「先生は何のアニメが好きと言いましたか。」	• 本時で使用する表現を扱う。
導入 (15分)	1. めあてを読んで確認する。 **友だちの好きなものを知ろう。** 2. 単語の言い方を確認する。 3. チャンツを言う。 4. リレーを行う。 　• 最後は示されたカテゴリーに絵カードを貼ったらゴールとなる。	○本時のめあてを確認する。 **友だちの好きなものを知ろう。** ○単語の言い方を示す。 ○Let's Chant (p.19) を聞かせ、言わせる。 ○絵カードを提示して、リレーを行わせる。ゴールのカテゴリーを掲示する。	
展開 (15分)	1. Let's Watch and Think (p.21) を行う。 　• はじめは個人で活動し、その後もう一度聞き、ペアで答えを確認する。 2. Activity 2（p.21）を行う。 　• デモンストレーションを見て、活動の仕方を知る。 　• 食べ物と色についてのみ、自分の好みを伝え合う。 3. 好きなものランキングを作るために何のカテゴリーについて調べるか、班で相談して決める。	○Let's Watch and Think (p.21) の映像を見せ、登場人物が好きなものを書かせる。 　• 再度聞かせ、ペアで答え合わせをさせ、全体で確認する。 ○デモンストレーションを行う。 Hello, Ayame.　What food do you like? — I like pizza. （お互い行う。色も同様。） Thank you. ○自由に教室内を歩き、友だちに好きなものを尋ねたり、答えたりさせる。 ○カテゴリーを決めさせる。 　• Activity 2の誌面の空白の部分に決定したカテゴリーを書かせる。	◎何が好きかを尋ねたり答えたりする。
振返 (8分)	1. 振り返りカードを書く。 2. 授業の感想を述べる。 3. 挨拶をする。 Thank you very much. Goodbye, Mr. (Ms.) ～ . See you.	○振り返りカードを書かせる。 ○感想を述べさせる。 ○挨拶をする。 That's all for today.　You did a great job! Goodbye, everyone.　See you next time.	

授業を充実させるためのポイント

1. スモールトーク

　本時は第3時なので、これまでの内容に加えてさらに話題を広げ、好きな本や勉強などについて、教師も楽しみながら話をしましょう。

　Hello.　Last Saturday, I watched an animation movie. I watched Detective Conan.　Do you know about Conan?　He is cute.　He is smart.　I like him very much. I had a great time.　What animation do you like?

2. 中間評価

　活動の途中で中間評価を行います。活動で目指している姿をしている子ども、例えば表情が良い子ども、相づちをうっている子ども、積極的にインタビューをしている子どもなど、手本になる子を紹介します。

　そうすると、具体的に活動の目的や目指す姿を子どもたちと共有することができ、相手意識をもった関わり方をイメージでき、活動の質がより高まります。

3. 単元の見通しをもたせる

　何のために学習しているのかを意識させるため、子どもには第1時に単元のゴールを伝えています。必要性を感じて活動させることが重要です。バックワード・デザインにおけるゴールのイメージを子どもたちと共有しておくことが大切です。

　さらに、その活動を行うことによって、自分のことを知ってもらえる、友だちとの仲が良くなるなど、心の交流が深まる時間となるようにします。

● 評価の注意点

　展開2のActivityで、子どもが自主的に友だちに声をかけようとしているか、英語を使いながら会話をし、相手のことを知ったり、自分の思いを伝えたりしているかを見取ります。

第2章　"Let's Try! 1" 35時間の指導案　　45

Unit5 What do you like? （第4時／4時間）
何がすき？

① 本時の目標と評価のポイント

(1)何が好きかを尋ねたり答えたりして伝え合う。（思考・判断・表現）

(2)相手に伝わるように工夫しながら、何が好きかを尋ねたり答えたりしようとする。（学びに向かう姿勢）

② 言語材料（表現）

What do you like?　I like (tennis).　What (sport) do you like?　I like (soccer).

③ 指導案

時	子どもの活動	教師の活動	留意点（◎評価）
挨拶 （7分）	1. 挨拶をする。 Hello, Mr. (Ms.) Kawano. I'm fine. How are you? 2. スモールトークを聞き、内容についての質問に答える。	○笑顔で挨拶をする。 Hello, everyone. How are you? I'm happy, thank you. ○スモールトークをする。 •「先生は何の勉強が好きだったと言いましたか。」	• 本時で使用する表現を扱う。
導入 （15分）	1. めあてを読んで確認する。 **学級の好きなものランキングを作ろう。** 2. 単語の言い方を確認する。 3. チャンツを言う。	○本時のめあてを確認する。 **学級の好きなものランキングを作ろう。** ○単語の言い方を示す。 ○Let's Chant（p.19）を聞かせ、言わせる。	
展開 （15分）	1. 好きなものランキングを作るために、インタビューを行う。 • 事前に決めていた友だちにインタビューをする。 2. 班ごとにまとめ、発表する。	○教室内を歩き、友だちに好きなものを尋ねさせる。 • 好きな理由も聞き、空いているところにメモをする。 ○インタビューの内容をまとめられるよう、簡単なシートに結果を書かせ、発表させる。	◎何が好きかを尋ねたり答えたりする。
振返 （8分）	1. 振り返りカードを書く。 2. 授業の感想を述べる。 3. 挨拶をする。 Thank you very much. Goodbye, Mr. (Ms.) 〜. See you.	○振り返りカードを書かせる。 ○感想を述べさせる。 ○挨拶をする。 That's all for today. You did a great job! Goodbye, everyone. See you next time.	

授業を充実させるためのポイント

1. スモールトーク

　第3時同様、話題を広げるくふうをしてみましょう。身近で生活に関係する内容であれば、知っている表現から内容を推測できます。しかし、さまざまな情報を取り入れようとすると、内容が難しくなりすぎる場合もあります。

　理解が難しいと思った時には、積極的に実物や写真などを提示したり、ジェスチャーで理解を促したりしましょう。子どもたちは理解できなければ、聞く意欲を失ってしまう場合もありますので注意しましょう。

　Hello. Now we are studying English. Do you like English? What subject do you like? I liked math when I was an elementary school student. Do you like math?

2. 時間配分

　本時のねらいを達成するための中心的活動の時間を確保するために、時間配分は重要です。後半の展開に時間をかけて、活動を充実させたい場合、他の部分で時間を作り出すかがポイントです。

　例えば、普段は教室内を歩いて挨拶をしているところを隣同士のペアにします。本時で使用する表現を子どもが容易に言える状態であれば、チャンツで簡単に確認してメインの活動に移るなど、子どもの実態に合わせて軽重をつけていくことも大切です。どれも丁寧に指導できることがベストですが、限られた時間をどう有効利用するのかが、教師の腕の見せ所です。

3. 学級の好きなものランキング

　子どもが本当に知りたい内容を聞くことができる場を設定します。自分を知ってもらえた！　友だちのことがもっと分かった！　と心が動く活動にするためには、本音を伝え合うことが欠かせません。

　また、ランキングを作ることにより、学級に目を向け、集団の一員としての自覚や喜びを味わうことができます。好きなもの以外にも、友だちについて知りたいと思うことで相手意識が高まるきっかけになります。

● 評価の注意点

　展開1で、アイコンタクトや表情、相づちをうつなど、相手意識をもちながら、友だちと楽しく会話をしようとしているかどうかを見取ります。また、好きな理由を聞き、相手の考えを深く知ろうとしているかも観察します。

　インタビュー結果のまとめをしている時や振り返りから、「好きなものが同じでも理由が違う。」など、自分と相手を比較しながらコミュニケーションを楽しむ様子などが見取れます。

Unit6 ALPHABET（第1時／4時間）
アルファベットとなかよし

1 本時の目標と評価のポイント

(1)身の回りには活字体の文字で表されているものがあることに気付き、活字体の大文字とその読み方に慣れ親しむ。（知識・技能）

(2)自分の姓名の頭文字（欲しい品物を指す文字）を伝え合う。（思考・判断・表現）

2 言語材料（表現）

(The "A" card), please. Here you are. Thank you. You're welcome.

3 指導案

時	子どもの活動	教師の活動	留意点（◎評価）
挨拶 (5分)	1. 挨拶をする。 Hello, Mr. Nakamura. I'm fine. How are you? 2. 担任の自己紹介を聞き、内容についての質問に答える。	○笑顔で、大きな声で挨拶をする。 Hello, everyone. How are you? I'm happy, thank you. ○自己紹介のスモールトークをする。 ・「先生は何が好きだと言いましたか。」	・分かりやすい語を使う。
導入 (15分)	1. ファイナルタスクについての説明を聞く。 2. めあてを読んで確認する。 **英語の文字に慣れよう。** 3. テキスト（p.23）の絵の中からアルファベットを見つけ出し、見たことのあるものやそれをどこで見たかを発表し合う。 4. ABC Song を歌ってみる。	○ファイナルタスク「オリジナルサンドイッチ作り」について説明する。 ○本時のめあてを確認する。 **英語の文字に慣れよう。** ○Let's Watch and Think (p.23) を見せ、子どもに尋ねる。 ・「絵の中から誌面の周りに書いてある文字を探してみましょう。この文字はどこにありますか。」 ○知っているアルファベットについて質問する。 ・「この文字を見たことがありますか。／どこで見ましたか。」 ○Let's Sing(p.23) を聞かせ歌わせる。 ・歌いながら文字を指示し視覚的にも情報を与えるようにする。	・発音の仕方なども分かるようであれば子どもに言わせ、大多数が初見の文字は教師が紹介する。
展開 (17分)	1. アルファベットの仲間分けを行い、友だちとどんな分け方をしたのか話し合う。 2. ポインティングゲームのセットアップに参加する。 3. ポインティングゲームを行う。	○Let's play (p.24) を見せ、アルファベットの仲間分けをさせる。 ・「いろいろな文字を仲間分けしてみましょう。分け方は自由です。自分で考えてみましょう。」 ○ポインティングゲームをセットアップ（説明と演示）する。ALT、ボランティア等で、モデルを示す。 教師：Hello.　子ども：Hello. 教師：The "A" card, please.	・分けられない子どもには直線と曲線の違い、など視点を与える。 ◎的確に文字を指し示す。
振返 (8分)	1. 振り返りカードを書く。 2. 授業の感想を述べる。 3. 挨拶をする。 Thank you very much. Goodbye, Mr. (Ms.) 〜 . See you.	○振り返りカードを書かせる。 ○子どもを指名し感想を述べさせる。 ○挨拶をする。 That's all for today. You did a great job! Goodbye, everyone. See you next time.	

48

授業を充実させるためのポイント

1. スモールトーク

　今回は音楽についてとりあげた例を示しています。音楽のジャンルの中からアルファベットが用いられているものを選んで自分や家族の好きなジャンルとして紹介します。

　Hello, everyone. I like music very much! I like "J-ROCK." My wife likes "K-POP." And my daughters like "R&B." Do you like music?

2. このユニットの流れについて

　本ユニットでは "Let's Try！" 指導編の流れから少し変更したものを提案しています。「お互いのイニシャルを伝える」という目標をユニット前半の仮のゴールとして位置付け、最終ゴール（ファイナルタスク）は「オリジナルサンドイッチ作り」としてみます。

　食材の名前にも頭文字があることに気付かせ、ファイナルタスクの前段階としてオリジナルセット（A〜Eセット）作りを行います。A〜Eセットは食材の頭文字を生かしたものにし、バリエーションを増やさず5種類程度にとどめます。（例：A combo → Avocado burger combo など）

　会話表現は、"Hello!" "Hello!" "A combo, please." "Here you are." "Thank you." "You're welcome." といった簡単なものになります。バリエーションの中から「自分はこれを選んだ」という実感を子どもたちにもたせる活動です。

　ファイナルタスクの時間では、2〜5種類の食材の他にソースと飲み物も選ぶ形式をとります。26文字の頭文字分の食材、ソース、飲み物がありますので、その組み合わせは実に多彩になります。

　Avocado, Barbeque sauce, Cheese, Duck meat, Egg, French fries, Giant bacon, Ham, Indian curry sauce, Jam, Ketchup sauce, Lettuce, Mayonnaise, *Natto*, Oolong tea, Pork, Quail egg, Roast beef, Sausage, Tomato, *Umekobu* tea, Vegetable juice, Whale bacon, miX juice, Yam, Zucchini

---

● 評価の注意点

　導入の「3. テキスト（p.23）の絵の中からアルファベットを見つけ出し〜発表し合う。」場面では、積極的に自分の身の回りの物を想起したり、探したりしながらアルファベットを見つけようとしているかを見取っていきます。

　また、展開の「1. アルファベットの仲間分けを行い、友だちとどんな分け方をしたのか話し合う。」では、一人一人の記述からどのような基準で分けているのか、その子なりにどんな文字への気付きをしているか、「3. ポインティングゲームを行う。」では、アルファベットの音を正確に聞き取って指し示しているかを見取っていきます。

Unit6

ALPHABET（第2時/4時間）
アルファベットとなかよし

① 本時の目標と評価のポイント

(1)自分の姓名の頭文字（欲しい品物を指す文字）を伝え合う。（思考・判断・表現）

(2)相手に伝わるように工夫しながら、自分の姓名の頭文字（欲しい品物を指す文字）を伝えようとする。（学びに向かう態度）

② 言語材料（表現）

(The "A" card), please. Here you are. Thank you. You're welcome.

③ 指導案

時	子どもの活動	教師の活動	留意点（◎評価）
挨拶 (8分)	1. 挨拶をする。 Hello, Mr. Nakamura. I'm fine. How are you? 2. ABC Song を歌う。 3. 担任の自己紹介を聞き、内容についての質問に答える。	○笑顔で、大きな声で挨拶をする。 Hello, everyone. How are you? I'm happy, thank you. ○ ABC Song を歌わせる。 ○自己紹介のスモールトークをする。 •「先生は友だちからなんと呼ばれているでしょう。」 •「ボクシングで先生のお気に入りのシーンはどんなシーンでしょう。」	• 分かりやすい語を使う。 • スモールトークには視覚的な補助を加えるようにする。
導入 (10分)	1.「オリジナルサンドイッチ作り」について想起する。 2. めあてを読んで確認する。 **自分の頭文字を集めよう。** 3. 教師のスモールトークなどから頭文字について考える。	○ファイナルタスクについて確認する。 ○本時のめあてを確認する。 **自分の頭文字を集めよう。** ○頭文字についてスモールトークから考えさせる。 •「先生はなぜNKと呼ばれているのでしょう。英語で書かれた先生の名前から考えてみましょう。」	• 画像等で視覚的な補助を行いながら考えさせる。
展開 (22分)	1. キーワードゲームのセットアップに参加する。 2. キーワードゲームを行う。 3. モデルを見て、表現を確認する。 4. 教室を歩いて出会った友だちと会話をしながら自分の名前の頭文字カードを集める。	○キーワードゲームをセットアップ（説明と演示）する。担任とALT、ボランティアの子ども等（担任1人2役、担任と2人等）で、モデルを示す。 Hands on your head! — The keyword is "A". — "B-B" cha-cha-cha. — Who is winner? ○担任とALT、ボランティアの子ども等（担任1人2役、担任と2人等）で、モデルを示す。 ○時間設定（5分）し、時間内に自分の頭文字をいくつ分集められたか確認させる。 Hello. Hello. (The "A" card), please. Here you are.(No "A" card.) Thank you.(OK.)You're welcome.(Sorry.) See you. See you.	◎的確に文字の音を聞き取る。 • Conversation map（【授業を充実させるためのポイント】参照）を準備する。 • あらかじめアルファベットカードを準備し持たせておく。 ◎積極的に友だちと関わろうとする。
振返 (5分)	1. 振り返りカードを書く。 2. 授業の感想を述べる。 3. 挨拶をする。 Thank you very much. Goodbye, Mr. (Ms.) 〜. See you.	○振り返りカードを書かせる。 ○子どもを指名し感想を述べさせる。 ○挨拶をする。 That's all for today. You did a great job! Goodbye, everyone. See you next time.	

50

授業を充実させるためのポイント

1. スモールトーク

　本時のスモールトークでは頭文字を意識させるように仕組みます。話すだけでは伝わりづらい部分もあるのでモニターにパソコン画面をつなぐなどして文字を視覚で認識させながら進めると子ども達の理解が深まります。この場合は Nakamura Kunimaru の N と K、Knock Out の K と O などを色付けして見せたりすると子どもはその語が頭文字を取ってできているということに意識が向きます。

　Hello, everyone. My name is Nakamura Kunimaru. My friends call me "NK."
　I like to watch sports. And I like to watch boxing on TV. My favorite scene is "K.O scene."
What is "K.O"? "K.O" is Knock Out. It is so exciting! What sport do you like to watch?

2. 常にファイナルタスクを意識させる

　外国語活動は、まず最終的に行う活動（ファイナルタスク）を設定し、そこに向かって毎時間さまざまな活動を子どもたちが体験していく、というスタイルをとります。これがバックワードデザインの考えです。

　ゲームやドリル、チャンツなど体験的なものが多く、子どもたちも熱中するのですが、個々の活動はすべてファイナルタスクに向けての準備であるという意識を忘れてはいけません。活動の区切りのタイミングなどで、なぜ、今この活動をしているのか、何のために行っているのかを子どもたちに確認するようにします。

3. Conversation map の活用

　英語でのやり取りを子どもに定着させるためのツールとして Conversation map があります。これはやり取りにおける各フレーズをイラストなどで簡潔にイメージしやすく図にし、黒板などに掲示したものです。必要に応じて英文を小さめに添えても良いでしょう。これを指さすことで子どもに必要なフレーズを想起させながら言わせていきます。教師が口パクをしながらするとより子どもたちに自分が言っている実感を持たせることができます。

● 評価の注意点

　導入の「3. 教師のスモールトークなどから頭文字について考える。」では、それぞれの発言から頭文字についての気付きを見取っていきます。身の回りの物を想起したり、探したりしながらアルファベットを見つけようとしているかを見取ります。こうした気付きは振り返りカードからもみることができます。

　また、展開の「2. キーワードゲームを行う。」ではアルファベットの音を正確に聞き取って指し示しているかを、「4. 教室を歩いて出会った友だちと会話をしながら自分の名前の頭文字カードを集める。」では、積極的に友だちと関わっていく姿勢を見取ります。対象の子どもが多い場合は何人かに絞って見ていく方法も考えられます。

Unit6 ALPHABET（第3時/4時間）
アルファベットとなかよし

① 本時の目標と評価のポイント

(1)自分の姓名の頭文字や欲しい品物を指す文字を伝え合う。（思考・判断・表現）

(2)相手に伝わるように工夫しながら、自分の姓名の頭文字や欲しい品物を指す文字を伝えようとする。（学びに向かう態度）

② 言語材料（表現）

(The "A" card), please.　Here you are.　Thank you.　You're welcome.

③ 指導案

時	子どもの活動	教師の活動	留意点（◎評価）
挨拶 (8分)	1. 挨拶をする。 　Hello, Mr. Nakamura. 　I'm fine. How are you? 2. ABC Song を歌う。 3. 教師の自己紹介を聞き、内容についての質問に答える。	○笑顔で、大きな声で挨拶をする。 　Hello, everyone. How are you? 　I'm happy, thank you. ○ ABC Song を歌わせる。 ○自己紹介のスモールトークをする。 　・「どんなセットがあったでしょう。」	・分かりやすい語を使う。 ・スモールトークには視覚的な補助を加えるようにする。
導入 (10分)	1.「オリジナルサンドイッチ作り」について想起する。 2. めあてを読んで確認する。 **ハンバーガーランチで練習しよう。** 3. 活動について見通す。	○ファイナルタスクを確認する。 ○本時のめあてを確認する。 **ハンバーガーランチで練習しよう。** ○メニューを選ぶスモールトークから考えさせる。 　・「先生はどちらのセットを選んだでしょうか。」 　・「自分ならどちらを選びますか。」	・画像を見せながら考えさせる。
展開 (22分)	1. モデルを見て、表現を確認する。 2. グループごとにハンバーガーショップのロールプレイを行う。	○担任と ALT、ボランティアの子ども等（担任1人2役、担任と2人等）で、モデルを示す。 ○役割分担を行い、店員役と客役とを交代しながら簡単なロールプレイを行う。 　客　：Hello. 　店員：Hello. 　客　：(The "A" set), please. 　店員：Here you are 　客　：Thank you. 　店員：You're welcome. 　客　：See you. 　店員：See you.	・Conversation map を準備する。 ・あらかじめ用意したメニューやカードを使って行う。 ◎積極的に友だちと関わろうとする。 ◎既習の表現を使っている。
振返 (5分)	1. 振り返りカードを書く。 2. 授業の感想を述べる。 3. 挨拶をする。 　Thank you very much. 　Goodbye, Mr. (Ms.) 〜. 　See you.	○振り返りカードを書かせる。 ○子どもを指名し感想を述べさせる。 ○挨拶をする。 　That's all for today. 　You did a great job! 　Goodbye, everyone. 　See you next time.	

授業を充実させるためのポイント

1.スモールトーク

　今回は、展開部分での5つの選択肢A~Eから子どもに選択させる活動に合わせ、ランチニューについてのものにします。話すだけでは伝わりづらい部分もあるのでモニターにパソコン画面をつなぐなどして画像を見せながら進めると子ども達の理解が深まります。

　Hello, everyone. Last Sunday, I went to a restaurant for lunch. There were two kinds of lunch menu. The "A" lunch included hamburger steak, salad, consommé soup (clear soup). The "B" lunch included spaghetti Napolitana, salad, corn chowder. I chose the "B" lunch. It was very good! Which lunch do you like to have?

2.さまざまな変化のくふうをする

　Unit 6ではABC Songを歌いますが、毎回同じ歌では子どもたちは飽きてしまいます。マンネリを防ぐ方法として、スピードに変化をつける、スピードを落として逆から歌う、教師の並べ替えた通りに歌うなどさまざまなくふうをしてみましょう。

3.本時のロールプレイについて（表現の精選）

　本時のロールプレイは簡単なやり取りでハンバーガーショップにおける注文を行い、5種類のメニューから1つを選ぶ、というものです。Aはアボカドバーガーセット、Bはベーコンバーガーセット、Cはコロッケバーガーセット、Dはダブルバーガーセット、Eはエッグバーガーセット、というように設定します。子ども達のレベルに応じてさらに飲み物を選べるようにしたり、ポテトのようなサイドメニューを加えたり、という手法も考えられます。しかしあまり本格的になると必要な表現が多くなりすぎてしまうので、あくまでもベースは「5つから1つ選ぶ」というところに置きます。

　使用する表現については、本来ならば店舗での買い物や食事を想定したロールプレイでは、"What would you like?" や "Can I have a cheese burger, please?" などの表現を使用するのが一般的ですが、今回は3年生が対象となりますので、外国語活動もまだ導入段階でこれらの高度な表現を使わせるのはあまりに高いハードルと言えます。すべてにおいてリアルなコミュニケーションの再現を目指さず、あくまでも子どもの発達段階や実態に応じてそのシチュエーションを利用する、という姿勢で授業を構成していく意識が必要です。

● 評価の注意点

　展開の「2.　グループごとにハンバーガーショップのロールプレイを行う。」では、積極的に友だちと関わっている姿勢や既習の表現を使ってやり取りをしているかを見取りましょう。実践のコミュニケーション活動は子ども自身のコミュニケーション能力が試される場面ですので、ALTや可能であれば他の職員と分担しつつ、一人一人をしっかりと見取れる体制をつくっていきましょう。

Unit6 ALPHABET (第4時/4時間)
アルファベットとなかよし

1 本時の目標と評価のポイント

(1)自分の姓名の頭文字（欲しい品物を指す文字）を伝え合う。（思考・判断・表現）

(2)相手に伝わるように工夫しながら、自分の姓名の頭文字（欲しい品物を指す文字）を伝えようとする。（学びに向かう態度）

2 言語材料（表現）

(The "A" card), please. Here you are. Thank you. You're welcome.

3 指導案

時	子どもの活動	教師の活動	留意点（◎評価）
挨拶 (8分)	1. 挨拶をする。 　Hello. Mr. Nakamura. 　I'm fine. How are you? 2. ABC Song を歌う。 3. 教師の自己紹介を聞き、内容についての質問に答える。	○笑顔で、大きな声で挨拶をする。 　Hello, everyone. How are you? 　I'm happy, thank you. ○ ABC Song を歌わせる。 ○スモールトークをする。 　• 「先生や奥さんは何と言うサンドイッチが好きでしたか。」	• 分かりやすい語を使う。 • スモールトークには視覚的な補助を加えるようにする。
導入 (10分)	1. 「オリジナルサンドイッチ作り」について想起する。 2. めあてを確認する。 **とくとく、とくべつメニューのサンドイッチを作ろう。** 3. 活動について見通す。	○ファイナルタスクについて確認する。 ○本時のめあてを確認する。 **とくとく、とくべつメニューのサンドイッチを作ろう。** ○スモールトークから考えさせる。 　• 「先生は何が入ったサンドイッチが好きだったでしょうか。」 　• 「どんな文字で始まったでしょう。」 　• 「皆さんならどれを選びますか。」	• 画像を見せながら考えさせる。
展開 (22分)	1. モデルを見て、表現を確認する。 2. サンドイッチショップのロールプレイを行う。	○担任と ALT、ボランティアの子ども等（担任1人2役、担任と2人等）で、モデルを示す。 ○役割分担を行い、店員役と客役とを交代しながら簡単なロールプレイを行わせる。 客　：Hello. 店員：Hello. 客　：("A", "C" and "P"),please. 　　　(Avocado, Cheese and Pork please.) 店員：Here you are. 客　：Thank you. 店員：You're welcome. 客　：See you. 店員：See you.	• Conversation map を準備する。 • あらかじめ用意したメニューやカードを使って行う。 ◎積極的に友だちと関わろうとする。 ◎既習の表現を使っている。
振返 (5分)	1. 振り返りカードを書く。 2. 授業の感想を述べる。 3. 挨拶をする。 　Thank you very much. 　Goodbye, Mr. (Ms.) 〜. 　See you.	○振り返りカードを書かせる。 ○子どもを指名し感想を述べさせる。 ○挨拶をする。 　That's all for today. You did a great job! 　Goodbye, everyone. See you next time.	

授業を充実させるためのポイント

1. スモールトーク

　本時で行う「とくとく、とくべつメニューのサンドイッチ作り」に向けて、教師が自分と家族の好きなサンドイッチを紹介します。教師の話を聞きつつ自分だったらどうするのかを子どもに考えさせていきます。話すだけでは伝わりづらい部分もあるので、モニターにパソコン画面をつなぐなどして画像を見せながら進めると子どもたちの理解が深まります。

　Hello, everyone. I and my wife like sandwiches. And I like "B.L.T" sandwich. The "B" is bacon. The "L" is lettuce. The "T" is tomato. And my wife likes "H.C.E" sandwich. The "H" is ham. The "C" is cheese. The "E" is egg. They both are very delicious! What sandwich do you like?

2.「とくとく、とくべつメニューのサンドイッチ作り」の由来

　課題に用いられる言葉や表現は教師によっていろいろですが、今回は3年生の冒頭で学ぶ国語科の物語文中から拝借します。キツツキが森の動物を集めていろいろな音を聞かせるのですが、その中で「とくとく、とくべつメニュー」という表現が出てきます。

　子どもたちにとっても、「オリジナルサンドイッチ」とカタカナ満載よりは「とくとく、とくべつメニュー」というかつて自分で音読したことのある表現の方が親近感を感じられるものです。そういう細かな他教科領域とのリンクも授業を構成していく一つの有用な手法です。

3. 本時のロールプレイについて

　本時のロールプレイは簡単なやり取りでサンドイッチショップにおける注文を行い、26種類の具材から2〜5種類を選んで自分だけのサンドイッチを作る、というものです。種類が多くなってしまいますので表現の選択に迷う子どもも出てきます。教師や友だちが的確にアドバイスを与えながら円滑に選ばせていきます。

　また、ソースや飲み物にまで気を回すのが難しいようであれば、ソースや飲み物については割愛して、サンドイッチ作りのみに意識を向けさせても構いません。

　使用する表現の具体例については第1時の説明（本書p.49）、注意点については第3時の説明で述べた通りです。あくまでも最初はシンプルに、子どもの実態に応じて臨機応変に授業を展開していきます。

● 評価の注意点

　展開の「2. サンドイッチショップのロールプレイを行う。」では、積極的に友だちと関わっていく姿勢や既習の表現を使ってやり取りできているかを見取っていきます。本ユニットのファイナルタスクであり、子ども自身の総合的なコミュニケーション能力が試される場面なので、ALTや可能な限り他の職員と分担しつつ、一人一人をしっかりと見取る体制をつくっていきましょう。

Unit 7 This is for you. (第1時/5時間)
カードをおくろう

① 本時の目標と評価のポイント

(1)日本語と英語の音声の違いに気付き、形の言い方に慣れ親しむ。（知識・技能）

(2)進んで英語を発音しようとしている。（学びに向かう態度）

② 言語材料（表現）

What do you want? (A star), please.　Here you are.　This is for you.

Thank you.　You're welcome.

③ 指導案

時	子どもの活動	教師の活動	留意点（◎評価）
挨拶 (7分)	1. 挨拶をする。 　Hello. I'm happy. 2. 楽器を見て質問に答える。	○笑顔で、大きな声で挨拶をする。 　Hello, everyone.　How are you? 　I'm pretty good, thank you. ○トライアングル（楽器）を使ってスモールトークをする。 　• What's this?	・日本語との発音の違いに気付かせる。
導入 (15分)	1. めあてを読んで確認する。 **いろいろな形の言いかたに慣れよう。** 2. テキストの絵（p.26,27）のさまざまな形を見つけ、英語で何と言うかALTに聞く。 3. 形の言い方を練習する	○本時のめあてを確認する。 **いろいろな形の言いかたに慣れよう。** ○子どもと一緒にALTに尋ねたり、発音に続いて、形の言い方を練習したりする。 　• How do you say (*shikakukei*) in English?	・発音しにくいものは、ALTに繰り返してもらう。
展開 (15分)	1. 聞こえた形を絵の中から見つけて指さす。（p.26,27） 2. 数や色を答える。	○担任やALTが形の名前を言ってポインティングゲームをする。 　• How many (hearts)? 　• What's the color?	◎進んで発音している。
振返 (8分)	1. 振り返りカードを書く。 2. 授業の感想を述べる。 3. 挨拶をする。 　Thank you very much. 　Goodbye, Mr. (Ms.) 〜 . 　See you.	○振り返りカードを書かせる。 ○子どもを指名し感想を述べさせる。 ○挨拶をする。 　That's all for today. 　You did a great job! 　Goodbye, everyone. 　See you next time.	・言えるようになった言葉を書かせる。

授業を充実させるためのポイント

1.身近な話題をスモールトークにする

　子どもにとって身近なものを話題に扱うことで、日本語と英語の音声の違いに気付きやすくなります。また、アクセントのところで手を叩いて強調するのも、日本語と英語の音声の違いに気付きやすくする方法の一つです。

What's this?	（トライアングルの音だけ聞かせてから尋ねる）
That's right ! It's a triangle.	（実物を見せる）
It means *sankakukei* in English.	（手で三角形を示す）
We call it triangle.	（triangle を繰り返させ、ALT にも発音してもらう）
Anyone can play the triangle?	（手を挙げた子どもを指名する）

2.担任自身ができるだけ英語を使う

　外国語（英語）の時間なので、ALT だけでなく担任もできるだけクラスルーム・イングリッシュを使いたいものです。全く初めての活動は、日本語で説明が必要かもしれませんが、一度経験している活動であれば、Let's play ~ game. や Let's do the interview. などで十分伝わります。

　子どもたちは、担任と ALT によるデモンストレーションや活動の経験等を手がかりに、予想しながら授業の内容を理解しようとします。子どもたちが発言したら、Very good! / Excellent! / Wonderful! / Well done! など、褒めてあげることも大切です。

3.「英語で何て言うんだっけ？」は、チャンス！

　新しい語彙に出会う時、教師がすぐに英語での言い方を教えるのではなく、絵やさまざまな情報から想像させることが大切です。また、英語でどう表現するのか分からなかった時に How do you say ~ in English? Once more, please. など、コミュニケーションで助けを求める表現を使わせる機会をつくることも重要です。

　まずは、担任が ALT に尋ねる、そして次第に子どもと一緒に尋ねる、という流れを繰り返して表現に慣れていくと、個人での活動の時も徐々に使えるようになっていきます。また、これらの表現を教室に掲示しておくと、教師側だけでなく子どもたちにとっても、便利です。

● 評価の注意点

　子どもの見取りに加えて、振り返りカードでは、「言えるようになったこと」や「難しかったこと」などを書かせ、子どもがどのように学びを感じているのかを確認することが大切です。

　そうすることで、次回の授業で、復習をするときに具体的にどの語彙に力を入れるべきなのか見えてきます。学級の実態に応じて、軌道修正しながら進めていくためにも振り返りカードを有効活用しましょう。

Unit 7

This is for you. (第2時/5時間)
カードをおくろう

1 本時の目標と評価のポイント

(1)形の言い方や欲しいものを尋ねたり答えたりする表現に慣れ親しむ。(知識・技能)

(2)欲しい形を尋ねたり答えたりして伝え合う。(思考・判断・表現)

2 言語材料（表現）

What do you want? (A star), please. Here you are. This is for you.
Thank you. You're welcome.

3 指導案

時	子どもの活動	教師の活動	留意点（◎評価）
挨拶 (7分)	1. 挨拶をする。 Hello. I'm great. 2. デモンストレーションを聞き、問いに答える。	○笑顔で、大きな声で挨拶をする。 Hello, everyone. How are you? I'm good, thank you. ○切り絵を実演しながら形の復習をさせる。 What do you want?	• 折り紙とハサミを用意する。
導入 (10分)	1. めあてを読んで確認する。 **ほしい形を伝えよう。** 2. キーワードゲームをする。 3. 色＋形を練習する。チャンツを聞く。 4. チャンツを練習する。	○本時のめあてを確認する。 **ほしい形を伝えよう。** ○形の言い方の復習とほしいものの尋ね方の練習をさせる。 ○Let's Chant（p.27）を聞かせる。 •「どんな色や形が聞こえますか。」 ○Let's Chantの中で、尋ねる側・答える側も発音できそうなところを言わせてみる。	• しっかりと発音させる。
展開 (20分)	1. ほしい形を尋ねたり、答えたりして、切り絵を作る。 2. できた切り絵を近くの友だちと見せ合う。	○一度は、担任かALTのところにやり取りに来させる。 ○数名に全体の前で発表させる。	◎ほしい形を伝えようとしている。
振返 (8分)	1. 振り返りカードを書く。 2. 授業の感想を述べる。 3. 挨拶をする。 Thank you very much. Goodbye, Mr. (Ms.) 〜 . See you.	○振り返りカードを書かせる。 ○子どもを指名し感想を述べさせる。 ○挨拶をする。 That's all for today. You did a great job! Goodbye, everyone. See you next time.	

授業を充実させるためのポイント

1. あらゆるところにヒントを潜ませる

　教師がデモンストレーションを示すことで、子どもたちは本時の活動内容をイメージすることができます。その際、言葉だけでなく、理解の手助けとなるようなジェスチャーや表情、絵や実物なども合わせて準備します。子どもが自力で内容を理解できたと自信をもてるようにサポートしていきましょう。

● デモンストレーションの例

　折り紙を半分に折り、ハサミで切りながら形を作ります。欲しい形を相手に尋ねます。

What do you want?	— A circle, please.
A circle? OK. (切って提示)	— Thank you.
What do you want?	— A star, please.
Big or small? (手で大小を表現)	— Big!
What do you want?	— Diamond.
How many diamonds?	— Two, please.
~ sensei, This is for you.	— Beautiful! Thank you.

2. 楽しみながら語彙や表現の練習ができるゲームを選ぶ　　例「キーワードゲーム」

　準備するもの…ペアごとに消しゴムを1つ、語彙の絵カード。

● 消しゴムはペアの2人の間に置き、黒板に絵カードをすべて提示しておく。

担任: Please choose a keyword. 　　語彙からキーワードを1つ選ばせる。

子どもA: (A circle), please. 　　言うことに負荷が大きければ、指さすのも良い。

全員: What do you want?
ALT: 語彙の中から形を一つ答える
全員: 復唱する

（左の囲み内のやり取りを繰り返す）

● キーワード（この場合circle）が出るまで尋ね続ける。キーワードがALTから言われた時は、復唱せず、ペアの相手より先に消しゴムを取る。

● キーワードを変えながら、何度かゲームを続ける。

　現行の外国語活動から多くとり入れられた活動ですが、単なる競争にならないようにきちんと練習できるようなルールなどを決めておきましょう。

● 評価の注意点

　子ども一人一人が本時の表現をどの程度言えているのかを教師がすぐに把握するのは、難しいでしょう。そのため、できるだけ子どもと一対一で直接やり取りをする場面をつくりましょう。例えば本時の展開1のように一度は担任かALTとやり取りをさせます。インタビューシートに、相手として、「先生」の欄も作っておくと子どもの方から来てくれるでしょう。

第2章 "Let's Try! 1" 35時間の指導案　　59

Unit7 This is for you. (第3時/5時間)
カードをおくろう

1 本時の目標と評価のポイント
(1)ALTに欲しい色・形を伝え、図を再現する。（思考・判断・表現）
(2)グループで協力し、活動を楽しもうとしている。（学びに向かう態度）

2 言語材料（表現）
What do you want? (A star), please.　Here you are.　This is for you.
Thank you.　You're welcome.

3 指導案

時	子どもの活動	教師の活動	留意点（◎評価）
挨拶 (5分)	1. 挨拶をする。 　Hello. I'm good. 2. ペアで挨拶をする。	○笑顔で、大きな声で挨拶をする。 　Hello, everyone.　How are you? 　I'm happy, thank you. ○ペアで挨拶をさせる。	• 元気よく挨拶する。
導入 (13分)	1. クイズに答える。 2. めあてを読んで確認する。 **ほしい色・形を伝えよう。** 3. チャンツを言う。	○「What's this? クイズ」をする。 ○話しながら、ALTにもらった形を黒板に貼っていく。 ○本時のめあてを確認する。 **ほしい色・形を伝えよう。** ○Let's Chant（p.27）を聞かせる。ペアで色や形を変えながら練習させる。	• 形を黒板に貼る順番をくふうする。 • リズムをALTに確認して進める。
展開 (20分)	1.「グループで完コピゲーム」をする。必要な形や絵カードをALTにもらいに行く。 2. 机上にパーツを並べていく。 3. 作品を見合ってコメントをする。	○担任が完成図を見せる。子どもとALTとのやり取りを見て、サポートが必要な子どもには声かけをする。	• グループに分ける。 ◎ALTにほしい色・形を伝えようとしている。
振返 (7分)	1. 振り返りカードを書く。 2. 授業の感想を述べる。 3. 挨拶をする。 　Thank you very much. 　Goodbye, Mr. (Ms.) 〜 . 　See you.	○振り返りカードを書かせる。 ○子どもを指名し感想を述べさせる。 ○挨拶をする。 　That's all for today. 　You did a great job! 　Goodbye, everyone. 　See you next time.	

60

授業を充実させるためのポイント

1. 子どもがワクワクしながら聞くようにくふうする　　例「What's this? クイズ」

担任がALTから形のカードをもらい、黒板に貼りながら図を完成させていきます。それが何かを当てるクイズです。答えが分かった人から担任に言いに来させます。

ALT : What do you want?
担任 : A square, please.
ALT : A square? OK. Here you are.

（左の囲み内のやり取りをしばらく続ける）

担任　　：What's this?
子ども：It's a flower.（答えは日本語も可）
担任　　：That's right !

2. 仲間で協力する活動を取り入れる　　例「グループで完コピゲーム」

完成図を記憶し、グループで協力しながら机の上に再現する活動です。完成図（担任がさまざまな形や絵の組み合わせで作る）と形ブロックや絵カードを準備します。
● 3～4人のグループを作る。
● 1人が廊下に完成図を見に行く。（完成図は担任が示す）
　完成図の記憶をもとにALTに必要なパーツを伝え、1つもらって席に戻る。
　What do you want? — A (red square), please.
● もらったパーツをグループの机の上に置く。
● 次の人に交代する。グループで2周ほど続け、完成図の通り机の上に再現する。
● 答え合わせをし、他のグループへコメントする。（完璧 Perfect! ／おしい Close! など）

3. 自信をもたせる　　——スモールステップの安心できる授業と環境整備を

3年生の子どもたちは、まだ英語の文字が読めないなど、非常に少ない手がかりのなかで学習しています。また、授業は週にわずか1回程度です。英語に不安を感じるのは当然でしょう。
まずは、一度に多くの表現を扱うのではなく、基本的な表現に十分に親しませてから新しい表現にふれさせるなど、少しずつ進歩させていきます。また、子どもが自分で振り返りたいときに復習できるように、絵カードのコピーなどを英語ファイルに入れさせたり、教室などは学んだものが身の回りにあるよう環境整備をするなどしましょう。十分なinputと、自然に振り返ることのできる環境で、子どもに自信をもたせるようにしましょう。

● 評価の注意点

活動のときに「自力でALTに伝えている」か「担任のサポートが必要である」か、を見取っていきます。自力でできる子どもには、表情豊かに目を見て笑顔でやり取りするなどの声かけをします。

第2章　"Let's Try! 1" 35時間の指導案　　61

Unit 7

This is for you. （第4時/5時間）
カードをおくろう

① 本時の目標と評価のポイント

(1)音声のやり取りを聞いて、どの作品の説明なのか判断する。（思考・判断・表現）

(2)送る相手にふさわしいカードを考える。（思考・判断・表現）

② 言語材料（表現）

What do you want? (A star), please.　Here you are.　This is for you.　Thank you.　You're welcome.

③ 指導案

時	子どもの活動	教師の活動	留意点（◎評価）
挨拶 (5分)	1. 挨拶をする。 　Hello. I'm happy. 2. ペアで挨拶をする。	○笑顔で、大きな声で挨拶をする。 　Hello, everyone.　How are you? 　I'm good, thank you. ○ペアで挨拶をさせる。	• 元気よく挨拶を 　する。
導入 (15分)	1. スモールトークを聞き、カードの書き手は相手を思いやっていることを知る。 2. めあてを読んで確認する。 **グリーティングカードを作ろう。** 3. カードの種類を出し合う。（招待状、年賀状、クリスマスカード、誕生日カード） 4. 映像を見て、世界のいろいろなグリーティングカードについて知る。	○夏休みに子どもから送られた暑中見舞いを示しながら話す。 ○本時のめあてを確認する。 **グリーティングカードを作ろう。** ○生活経験を思い起こさせる。 　•「他にどのようなカードを知っていますか。」 ○Let's Watch and Think（p.28）を見せる。 　•「どんな種類がありましたか」	• 実際の暑中見舞い状を使う。 • グリーティングカードのイメージを持たせる。
展開 (17分)	1. リスニング問題を聞き取る。 2. グリーティングカードの左半分を記入する。右半分のデザインをイメージする。	○Let's Listen（p.29）を聞かせる。必要な場合は、もう一度聞かせる。 ○渡す相手のくじ引きをさせる。 ○Activity（p.29）の内容を、作るカードの左半分に記入させる。	◎正しく線で結べている。 ◎相手にふさわしいカードを考える。
振返 (8分)	1. 振り返りカードを書く。 2. 授業の感想を述べる。 3. 挨拶をする。 　Thank you very much. 　Goodbye, Mr. (Ms.)〜. 　See you.	○振り返りカードを書かせる。 ○子どもを指名し感想を述べさせる。 ○挨拶をする。 　That's all for today. 　You did a great job! 　Goodbye, everyone. 　See you next time.	

授業を充実させるためのポイント

1. 子どもの作品を授業に活用する

　本時では暑中見舞い状を活用し、世界の文化に関心をもつとともに、自国特有の文化を大切に思う心も育むことをねらっています。しかし、近年の個人情報の扱い等により、子どもから教師へ暑中見舞い状などを送れなくなっている場合が増えています。クラス内でつくった作品を次年度の子どもにみせるなどのくふうをして、リアリティのある活動に近づけましょう。

　This is *shochu-mimai*. This is from one of you. Please guess who. That's right! It's from Junpei. You can see this colorful ice shaves. It looks so delicious! I like his words.
　『おばあちゃんのおうちで、にじ色かきごおりを作りました。いちごとレモン、ブルーハワイ、メロンのシロップを少しずつ入れました。おいしかったです。』*Shochu-mimai* is one of the Japanese customs.

2. 思いやりの気持ちを示すために、日本語も効果的に使う　例「グリーティングカード」

　Activity（p.29）に書き込む内容をカードの左半分に入れて作ります。以下の図がカードの例です。本時は左半分を完成させます。相手へのメッセージは日本語で構いません。

　クラスの中でくじ引きを行い、引いた友だち宛てのカードを作ります。つまり、全員がカードをもらえるようにします。
　Unitを扱う時期に合わせて、クリスマスカード、年賀状、誕生日カードなど、適宜選びましょう。
　誰が誰に宛てて作っているのかは、渡す時まで秘密にするのもたのしさが増してよいでしょう。

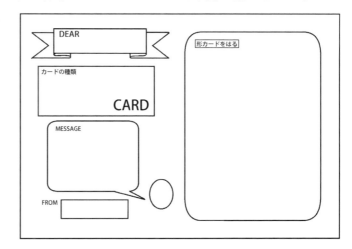

● 評価の注意点

　誰の作品かを聞いて線で結ぶ活動Let's Listen（p.29）では、1回目で聞いて分かったところを黒鉛筆でつなぎ、2回目で分かったところは青鉛筆でつながせるとよいでしょう。
　普段からそのように使う色を変えさせておくと、どのぐらい聞き取れているのかを把握しやすくなります。また、子ども自身が1回で聞き取ろうと意識したり、自分の成長を実感できるようになったりもします。

Unit 7

This is for you. (第5時/5時間)
カードをおくろう

1 本時の目標と評価のポイント

(1)ほしい形を手に入れ、相手が喜ぶようなカードをプレゼントする。（思考・判断・表現）

(2)笑顔で、友だちの目を見て、カードを渡そうとしている。（学びに向かう態度）

2 言語材料（表現）

What do you want? (A star), please.　Here you are.　This is for you.　Thank you.　You're welcome.

3 指導案

時	子どもの活動	教師の活動	留意点（◎評価）
挨拶 (7分)	1. 挨拶をする。 　 Hello. I'm fine. 2. ペアで挨拶をする。	○笑顔で、大きな声で挨拶をする。 　 Hello, everyone.　How are you? 　 I'm happy, thank you. ○ペアで挨拶をさせる。	• 元気よく挨拶を 　する。
導入 (10分)	1. めあてを読んで確認する。 　 **カードをプレゼントしよう。** 2. 担任とALTのやり取りを 　見て、本時の活動をつかむ。 2. ペアで挨拶をする。	○本時のめあてを確認する。 　 **カードをプレゼントしよう。** ○ALTとデモンストレーションを示 　す。 ○ペアで挨拶をする。	• 作品の例を掲示 　する。
展開 (20分)	1. カードに使う形を手に入れ 　る。（前半） 2. カードに使う形を手に入れ 　る。（後半） 3. 手に入れた形を貼り合わせ 　て、カードを仕上げる。 4. カードを友だちに渡す。	○作りたい図のイメージを持たせてか 　ら始める。 ○前半と後半を5分ずつ区切って知 　らせる。 ○文字カードを用意しておき、必要な 　子どもに渡す。 ○渡すときには、笑顔で目を見て渡す 　ように声をかける。	• 活動に不安を感 　じる子どもをサ 　ポートする。 ◎ほしい形を手に 　入れてカードを 　作る。
振返 (8分)	1. 振り返りカードを書く。 2. 授業の感想を述べる。 3. 挨拶をする。 　 Thank you very much. 　 Goodbye, Mr. (Ms.) 〜 . 　 See you.	○振り返りカードを書かせる。 ○渡したり、もらったりすることでど 　んな気持ちだったかを発表させる。 ○挨拶をする。 　 That's all for today. 　 You did a great job! 　 Goodbye, everyone. 　 See you next time.	• 子どもを指名し、 　いくつかカード 　を見せる。

授業を充実させるためのポイント

1. 作業の効率を上げる

　ペアで、形をもらう側と渡す側に分かれます。形を渡す側は、聞き取った色・形や数を繰り返すようにします。そして、折り紙を使って求められた形を作った後に渡します。コミュニケーションの時間より、形作りに時間がかってしまう場合も考えられます。効率よく進めるためには、事前に形を用意しておいたり、さまざまな形を型どることができるクラフトパンチを活用するなどして、コミュニケーションの時間を確保できるようにしましょう。

　　渡す側　　　: Hello. What do you want?
　　もらう側 : Hello. Green triangles, please.
　　渡す側　　　: Green triangles. How many?
　　もらう側 : Nine, please.
　　渡す側　　　: Nine. OK. Here you are.

　カードに使う材料の形が揃ったら、座席に戻ってカードを仕上げていきます。また、教師がいくつかの文字カード（HAPPY BIRTHDAY! / MERRY CHRISTMAS! / HAPPY NEW YEAR!）を用意しておき、呼びかけて、必要な子どもに渡すようにしましょう。

2. お互いに温かい気持ちになれるようにくふうをする

　カードができたら、相手のところへ渡しに行き、文面を読み上げます。

　　子ども A: MERRY CHRISTMAS!（日本語で書いたメッセージを読み上げる）
　　　　　　　This is for you.（笑顔で目を見て渡す）
　　子ども B: Cute! Thank you.（笑顔で目を見て受け取る）

　カードをもらったら、一言コメントを伝えてから、Thank you. と受け取らせます。一言コメントには、Beautiful! / Nice! / Cute! / Wonderful! などの褒め言葉が考えられます。普段から子どもが発言するたびに、担任がさまざまな褒め言葉をかけて聞かせておきます。
　子どもに自分で言える一言コメントを持たせておくのが大切です。そうすると、さまざまな活動に応用でき、やり取りを充実させられます。そして、継続していくことで一言コメントの語彙が増え、子どもは場面に応じた言葉を使えるようになってきます。

● 評価の注意点

　グリーティングカード作りの活動では、カードのできばえというより、相手を喜ばせるための思いやりを評価することを心がけます。例えば、「～さんは、青色が好きだから。」「～さんは、かわいい感じが気に入ると思うから。」といったような、相手のことを考えた作品を取り上げて賞賛します。ここに本時の「思考・判断・表現」があらわれているといってもよいでしょう。

第 2 章　"Let's Try! 1" 35 時間の指導案　　65

Unit8 What's this? （第1時／5時間）
これなあに？

1 本時の目標と評価のポイント

(1)身の回りの物の言い方や、ある物が何かを尋ねたり答えたりする表現に慣れ親しむ。
（知識・技能）

(2)クイズを出したり答えたりし合う。（思考・判断・表現）

2 言語材料（表現）

What's this?   Hint, please.   It's (a fruit).   It's (green).   It's (a melon).   That's right.

3 指導案

時	子どもの活動	教師の活動	留意点（◎評価）
挨拶 （7分）	1. 挨拶をする。 Hello. Mr. (Ms.) Kawano. I'm fine. How are you? 2. 教師の質問に答える。	○笑顔で、大きな声で挨拶をする。 Hello, everyone. How are you? I'm happy, thank you. ○クリスマスやお正月についてのスモールトークをする。 ・「先生はクリスマスプレゼントに何をもらったと言いましたか。」	・分かりやすい語を使う。
導入 （10分）	1. めあてを読んで確認する。 **「これは何？」のたずねかた・答えかたに慣れよう。** 2. スリーヒントクイズに答え、表現を言う。 3. チャンツを言う。	○本時のめあてを確認する。 **「これは何？」のたずねかた・答えかたに慣れよう。** ○クイズの尋ね方と答え方を示し、単元の最後にクイズ大会をすることを伝える。 ○Let's Chant（p.31）を聞かせ言わせる。	・単元の見通しをもたせる。
展開 （20分）	1. 映像を見て、虫眼鏡に映るものは何か当てる。 2. グループでブラックボックス・クイズをする。	○Let's Play 1（p.30, 31）を見せ、何が映っているのか尋ねる。 ○ 教師や代表の子どもがモデルを示す。	◎クイズをしながら尋ねたり答えたりしている。
振返 （8分）	1. 振り返りカードを書く。 2. 授業の感想を述べる。 3. 挨拶をする。 Thank you very much. Goodbye, Mr. (Ms.) 〜 . See you.	○振り返りカードを書かせる。 ○子どもを指名し感想を述べさせる。 ○挨拶をする。 That's all for today. You did a great job! Goodbye, everyone. See you next time.	

授業を充実させるためのポイント

1. スモールトーク

　教師がクリスマスやお正月について話します。クリスマスカードの実物やお雑煮の写真を見せながら話すと、子どもたちは興味をもって教師の話す英語を聞き取ろうとします。

　Hello, everyone. I enjoyed Christmas. I got a Christmas card. It's beautiful. I'm happy. And I enjoyed New Year, too. I ate *Ozoni*. It was delicious. Thank you.

2. スリーヒントクイズ

　子どもたちは以下のような3つのヒントを聞いて答えを推測します。ヒントにはこれまで学んだ形や色などをつかって、想像させるようにしましょう。

Hint No.1. It's an animal.
Hint No.2. It's yellow.
Hint No.3. It have a long neck.
What's this? (It's a giraffe.)

Hint No.1. It's a food.
Hint No.2. It's white.
Hint No.3. It's in *Ozoni*.
What's this? (It's a rice cake.)

3. ブラックボックス・クイズ

　箱の中に入っている物を、手で触って当てるクイズです。解答者以外には中の物が見える状態にします。まずはクラス全体で、その後は3〜4人のグループで行います。グループごとにブラックボックスをわたします。解答者は1人で、残りの子どもはヒントを与える役です。中に入れる物は、中身が見えないように1つずつ袋などに入れておきます。

　What's this? は、本単元ではゲームの中での“これは何でしょう？”という問いかけと、本当に何か分からずに“これは何ですか？”という質問の2つの意味があります。教師はその点は意識して使いわけるようにしましょう。

【活動方法】

　(1)解答者以外の誰かが箱の中に答えの物を入れる。

　(2)解答者以外のみんなでWhat's this? と尋ねる。

　(3)解答者は箱の中の物を触りながら考え、ヒントをもらう。

　　Hint, please. / It's 〜. / That's right. / No. Try again.

　(4)正解したら、解答者が代表として次の子に出題する物を取りに来て箱に入れる。(2)〜(4)を何回か繰り返す。

● 評価の注意点

　ブラックボックス・クイズでは、英語を使って尋ねたり答えたりして活動に参加しているかを評価します。また、相手に分かってもらえるようなヒントを出しているかも見取ります。振り返りカードには、クイズが面白かったかどうかだけでなく、英語の表現について気付いたことや、こんなヒントが分かりやすかった等、具体的に書かせるようにします。

第2章 “Let's Try! 1” 35時間の指導案　67

Unit8 What's this?（第2時/5時間）
これなあに？

① 本時の目標と評価のポイント
(1)外来語とそれが由来する英語の違いに気付き、身の回りの物の言い方や、ある物が何か
を尋ねたり答えたりする表現に慣れ親しむ。（知識・技能）

② 言語材料（表現）
What's this?　Hint, please.　It's (a fruit).　It's (green).　It's (a melon).　That's right.

③ 指導案

時	子どもの活動	教師の活動	留意点（◎評価）
挨拶 （7分）	1. 挨拶をする。 Hello. Mr. (Ms.) Kawano. I'm fine. How are you? 2. 教師の質問に答える。	○笑顔で、大きな声で挨拶をする。 Hello, everyone. How are you? I'm happy, thank you. ○漢字についてのスモールトークをする。 　•「○○先生が好きな漢字は何ですか。」	• 分かりやすい語を使う。 • 漢字カードを黒板に貼る。
導入 （15分）	1. めあてを読んで確認する。 **えい語のクイズを楽しもう。** 2. チャンツを言う。 3. キーワード・ゲームをする。	○本時のめあてを確認する。 **えい語のクイズを楽しもう。** ○ Let's Chant（p.31）を聞かせ言わせる。 ○ Activity（p.32,33）①ヒント・クイズの単語を確認させる。	• 黒板に絵カードを貼る。
展開 （15分）	1. 映像を見て、①ヒント・クイズに答える。 2. 映像を見て、②漢字クイズ、③足あとクイズに答える。	○ Activity (p.32,33) を見せ、子どもに尋ねる。 ①ヒント・クイズを出す。 　•「3つのヒントを出します。何を表しているか分かりますか。」 ○ Activity (p.32,33) を見せ、②漢字クイズ、③足あとクイズを出す。 　• Can you guess? 　• Do you need hints?	• 慣れてきたら、子どもにクイズを出させる。 ◎日本語と英語との違いに気付く。 ◎英語を使って答えている。
振返 （8分）	1. 振り返りカードを書く。 2. 授業の感想を述べる。 3. 挨拶をする。 Thank you very much. Goodbye, Mr. (Ms.)〜. See you.	○振り返りカードを書かせる。 ○子どもを指名し感想を述べさせる。 ○挨拶をする。 That's all for today. You did a great job! Goodbye, everyone. See you next time.	

授業を充実させるためのポイント

1. スモールトーク

あらかじめ校長先生、教頭先生、子どもと関わりのある先生、ALT等に好きな漢字を聞いておきます。Unit 3の活動で取りあげていない先生にする方が良いでしょう。

黒板に漢字カードを貼るとより分かりやすくなります。ここでは「花」「友」「道」を質問の答えとしていますが、この三字だけ示すのではなく、「海」「空」等の他の漢字を二字程度増やすことで、子どもは答えを当てたいという思いが強くなり、注意深く英語を聞き取ろうとします。

Hello, everyone. Do you like *kanji*? I like *kanji* very much. I like 「花」. Hana means "flower". 校長先生 likes 「友」. Tomo means "friend". Mr./Ms.(ALT) likes 「道」. Michi means "road". What *kanji* do you like?

2. キーワードゲーム

ペアで2人の間に消しゴム等を置き、キーワードが聞こえたら素早く消しゴムを取ります。早く取った方が勝ちです。教師の発話後、子どもにも繰り返させます。

黒板にはp.32,33の各単語の絵を貼ります。言葉と絵を対応させることで、子どもは単語のインプットがしやすくなります。教師が発話しながら絵を指さしてあげると良いでしょう。（ゲームの進め方は本書p.59のUnit 7での解説を参照）

また、子どもが慣れてきたら、キーワードを「動物」や「果物」にします。音声だけでなく、単語の意味にも着目させることで、活動が深まります。

活動では、消しゴムが多くとれた方がよいとならないようにさいころをつかって、今日の勝ち"数"を示すなどくふうをしましょう。また、慣れてきたら、子どもに教師役をさせるなどのバリエーションをたくさんもっておきましょう。特に本時では、英語と日本語の音声の違いに気付くことがねらいなので、わざと日本語らしく"バナナ"と言ってみたり、日本語名でいってみたりというアレンジもしてみましょう。

● 評価の注意点

色々なクイズを通して、身の回りの物について、日本語と英語を比べたり言葉の面白さに気付いたりしているかを評価します。

また、英語を使って答えようとしている態度を評価し、子どもの英語や英語学習への意欲を高めるようにします。

第2章 "Let's Try! 1" 35時間の指導案　　69

Unit8 What's this? (第3時/5時間)
これなあに？

1 本時の目標と評価のポイント

(1)クイズを出したり答えたりし合う。（思考・判断・表現）

(2)相手に伝わるように工夫しながら、クイズを出したり答えたりしようとする。（学びに向かう態度）

2 言語材料（表現）

What's this?　Hint, please.　It's (a fruit).　It's (green).　It's (a melon).　That's right.

3 指導案

時	子どもの活動	教師の活動	留意点（◎評価）
挨拶 (7分)	1. 挨拶をする。 Hello. Mr. (Ms.) Kawano. I'm fine. How are you? 2. 何のジェスチャーをしているのか考え、答える。	○笑顔で、大きな声で挨拶をする。 Hello, everyone. How are you? I'm happy, thank you. ○ジェスチャー・クイズをする。 ・「何を表しているでしょうか。」	
導入 (15分)	1. めあてを読んで確認する。 **えい語をつかっていろいろなクイズを楽しもう。** 2. チャンツを言う。 3. 映像を見て質問を聞き、答える。	○本時のめあてを確認する。 **えい語をつかっていろいろなクイズを楽しもう。** ○Let's Chant（p.31）を聞かせ言わせる。 ○Let's Play 2（p.32）を見せ、子どもに尋ねる。	
展開 (15分)	1. シルエット・クイズをする。	○シルエット・クイズのやり方を説明し、各ペアにカードをわたす。 ・What's this? ・Hint, please. ・It's ~. ・That's right.	◎相手に伝わるようにくふうしながらクイズやヒントを出し合う。
振返 (8分)	1. 振り返りカードを書く。 2. 授業の感想を述べる。 3. 挨拶をする。 Thank you very much. Goodbye, Mr. (Ms.) ～ . See you.	○振り返りカードを書かせる。 ○子どもを指名し感想を述べさせる。 ○挨拶をする。 That's all for today. You did a great job! Goodbye, everyone. See you next time.	

授業を充実させるためのポイント

1. ジェスチャー・クイズ

　本時ではスモールトークがわりにジェスチャー・クイズをします。後の展開段階でシルエット・クイズを行う際、ヒントとしてジェスチャーをすると伝えやすくなるので、はじめに慣れさせておきます。子どもがジェスチャーの良さに気付けるように、前もって仕掛けを作っておきます。

　Hello, everyone. Let's play the gesture game. Can you guess? It's a sport. (an animal等ジェスチャーをしてみせる)
　What's this?　…That's right.

2. シルエット・クイズ

　クイズを通してWhat's this?やHint, please.等の表現の定着を図ります。ペアで行い、出題者、解答者は交代します。題材は、これまでの外国語活動で慣れ親しんできた語や、子どもがよく知っている外来語等が良いでしょう。動物、食べ物、スポーツがおすすめです。
　はじめに担任と代表の子どもでデモンストレーションを行い、活動のやり方を示します。

【活動方法】
　出題者（担任）：What's this?
　解答者（児童）：Hint, please.
　出題者（担任）：It's an animal.
　解答者（児童）：One more hint, please.
　出題者（担任）：（ジェスチャーを
　　　　　　　　　　してみせる）
　解答者（児童）：Rabbit?
　出題者（担任）：Yes. That's right.

シルエット・カードの例（裏に答えを書いておく）

> ● **評価の注意点**
>
> 　シルエット・クイズでは、相手に伝わるようにはっきりとした声で尋ねたり、相手に何とか伝えようと、分かりやすい言葉やジェスチャー等を使ってヒントを出したりしているかを評価します。

Unit8 What's this? (第4時/5時間)
これなあに？

① 本時の目標と評価のポイント

(1)相手に伝わるように工夫しながら、クイズを考えようとする。（学びに向かう態度）

② 言語材料（表現）

What's this?　Hint, please.　It's (a fruit).　It's (green).　It's (a melon).　That's right.

③ 指導案

時	子どもの活動	教師の活動	留意点（◎評価）
挨拶 (3分)	1. 挨拶をする。 　Hello. Mr. (Ms.) Kawano. 　I'm fine. How are you?	○笑顔で、大きな声で挨拶をする。 　Hello, everyone. How are you? 　I'm happy, but it's very cold. Please 　wash your hands. Thank you.	
導入 (12分)	1. めあてを読んで確認する。 　**みんなが楽しめるような 　クイズを作ろう。** 2. チャンツを言い、表現を確 　認する。 3. ウインドウ・クイズに答え 　る。	○本時のめあてを確認する。 　**みんなが楽しめるようなクイズを作 　ろう。** ○Let's Chant(p.31)を聞かせ言わせた 　後、dog, monkey, tiger を mouse, cat, 　elephant等、既習の語と入れかえる。 ○絵の上に窓がついた画用紙をのせ、 　窓を一枚ずつ開けながら絵を当てさ 　せる。	
展開 (22分)	1. グループごとにクイズを考 　え、クイズ作りをする。 2. クイズをグループ内で出し 　合い、クイズの内容や出し 　方について話し合って修正 　する。	○クイズの内容や出し方、英語の表現 　についてアドバイスする。 ○声の大きさや準備物についてアドバ 　イスする。	◎学習したことを 　想起してクイズ 　を考えようとす 　る。
振返 (8分)	1. 振り返りカードを書く。 2. 挨拶をする。 　Thank you very much. 　Goodbye, Mr. (Ms.) 〜. 　See you.	○振り返りカードを書かせる。 ○挨拶をする。 　That's all for today. 　You did a great job! 　Goodbye, everyone. 　See you next time.	

授業を充実させるためのポイント

1. ウインドウ・クイズ

　絵（写真）の上に画用紙を重ね、もとの絵が見えないようにします。画用紙には切り込みを入れた窓をいくつか作り、一箇所ずつ開けながら子どもに絵を当てさせます。題材は既習語句の他、動物、キャラクター、地域の特徴がある物等、子どもにとって親しみのあるものにします。

　最初に全ての窓を閉じたまま What's this? と尋ねると、何もヒントがないため大抵は答えられないので、自然に Hint, please. と言わせることができます。窓の数や大きさは、絵によって変え、難易度を調整します。窓の形や色も変えておくと、Unit 7 での学習が活用できます。

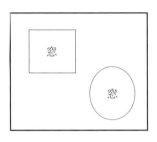

絵の上に画用紙を重ねます

2. クイズ作り

　クラスのみんなが楽しめるようなクイズを作るにあたって、今まで行った活動を参考にしながら、内容や伝え方をグループで話し合います。クイズの題材作りにはあまり時間をかけず、どんな英語を使って発表するか、どんなヒントを出すかを考えさせるようにします。クイズの内容出題に必要なもの（画用紙、ブラックボックス、出題に必要な具体物）は教師が適宜準備します。

スリーヒントクイズ	シルエット・クイズ
ブラックボックス・クイズ	ウインドウ・クイズ

● 評価の注意点

　クイズ作りの活動では、グループで協力して、クラスのみんなが楽しめるようなクイズを作ろうとしているかを評価します。What's this? や既習表現を使ってどのように発表するか、クイズのヒントは、分かりやすさを意識して考えているかを見取ります。

第 2 章　"Let's Try! 1" 35 時間の指導案　　73

Unit8 What's this? (第5時/5時間)
これなあに？

1 本時の目標と評価のポイント

(1)クイズを出したり答えたりし合う。（思考・判断・表現）

(2)相手に伝わるようにくふうしながら、クイズを出したり答えたりしようとする。
（学びに向かう態度）

2 言語材料（表現）

What's this?　Hint, please.　It's (a fruit).　It's (green).　It's (a melon).　That's right.

3 指導案

時	子どもの活動	教師の活動	留意点（◎評価）
挨拶 (6分)	1. 挨拶をする。 Hello. Mr. (Ms.) Kawano. I'm fine. How are you? 2. 教師の質問に答える。	○笑顔で、大きな声で挨拶をする。 Hello, everyone. How are you? I'm happy, thank you. ○クイズについてのスモールトークをする。 •「先生が楽しみにしているのは何ですか。」 ○クイズを出す	• 分かりやすい語を使う。
導入 (3分)	1. めあてを読んで確認する。 **グループできょう力して楽しいクイズ大会にしよう。** 2. クイズ大会のルールを確認する。	○本時のめあてを確認する。 **グループできょう力して楽しいクイズ大会にしよう。** ○グループごとに前半・後半で出題グループと解答グループが交代するように分ける。 ○時間設定や移動の仕方を伝える。	
展開 (28分)	1. 前半の出題グループは準備をする。解答グループは順番にブースを回る。 2. 後半の出題グループは準備をする。解答グループは順番にブースを回る。	○前半・後半各14分ずつ活動することを伝える。 ○グループを回り、活動がスムーズに行われているか、活動できているかを確認する。 ○前半終了の合図をする。 ○前半同様に各グループを回る。 ○後半終了の合図をする。	◎相手に伝わるようにくふうしてクイズを出したり答えたりする。
振返 (8分)	1. 振り返りカードを書く。 2. 授業の感想を述べる。 3. 挨拶をする。 Thank you very much. Goodbye, Mr. (Ms.) 〜. See you.	○振り返りカードを書かせる。 ○子どもを指名し感想を述べさせる。 ○挨拶をする。 That's all for today. You did a great job! Goodbye, everyone. See you next time.	

授業を充実させるためのポイント

1. スモールトークとクイズ例の紹介

　前時に各グループで作ったクイズを用いる本時のクイズ大会について、担任の思いを話します。この時に、これからのクイズ大会でどのグループが何のクイズをするのか、挙手させて簡単に紹介しておくと、他の子どもにも分かりやすいでしょう。

　また、教師が実際にひとつのクイズを例として出してみることで、これから取り組む活動への意欲とイメージがわくでしょう。

　Hello, everyone. In today's lesson, we have "3 – ○ Quiz Festival." I'm so excited. We have many kinds of quizzes. We have "Three Hints Quiz," "Window Quiz," "Silhouette Quiz" and "Black Box Quiz." Let's enjoy! Now, I have a "Silhouette Quiz." What's this? ......

2. クイズ大会

　グループごとに、前半に出題するグループと解答するグループ（後半で交代）に分けます。各解答グループが全ての出題グループとの対戦に教室を回れるように、時間設定や移動の仕方をはじめに確認します。特に時間設定は板書しておき、子どもがいつでも時間を確認できるようにします。

【クイズ大会の流れ】
　①前半・後半各14分ずつ活動することを伝える。
　②グループを回り、活動がスムーズに行われているか確認する。
　③解答グループが効率よく活動できているか確認する。
　④前半終了の合図をする。
　⑤後半の出題グループが素早く準備できるよう声掛けをする。
　⑥前半同様に各グループを回る。
　⑦後半終了の合図をする。

● 評価の注意点

　クイズ大会では、グループで協力しながら自分たちで作成したクイズを出したり、友だちの作ったクイズに興味をもって取り組んだりしているかを評価します。クラスのみんなに伝わるよう、はっきりとした言い方でクイズを出そうとしているか、相手が分かりやすいようなヒントを出そうとしているかについても評価します。

　また、本時の活動の評価を教師が子どもに伝える場を設定し、良かったところをしっかりと褒めます。そうすることで、子どもは達成感を味わい、次の英語学習への意欲が高まります。

Unit9

Who are you? （第1時／5時間）
きみはだれ？

① 単元目標と評価のポイント

(1)日本語と英語の音声やリズムなどの違いに気付き、誰かに尋ねたり答えたりする表現に慣れ親しむ。（知識・技能）

(2)絵本などの短い話を聞いて、おおよその内容が分かる。（思考・判断・表現）

② 言語材料（表現）

Are you (a dog)? Yes, I am. / No, I am not. Who are you? I'm (a dog).

Who am I? Hint, please.

③ 指導案

時	子どもの活動	教師の活動	留意点（◎評価）
挨拶 (7分)	1. 挨拶をする。 2. 教師の「好きな動物」の紹介を聞き、慣れ親しんでいる表現を用いて教師の質問に答える。	○笑顔で、大きな声で挨拶をする。 ○絵や写真を見せながら「好きな動物」についてのスモールトークをする。	・慣れ親しんできた表現を使う。
導入 (15分)	1. めあてを読んで確認する。 **絵本のおおよその内容をつかもう。** 2.【1回目】教師の読み聞かせを聞きながら、絵本の大まかな内容を理解する。 3. 絵本の内容に関連させた質問に答える。 4. 聞こえてきた音声・表現を繰り返してみる。	○本時のめあてを確認する。 **絵本のおおよその内容をつかもう。** ○Let's Try!(p.34)のデジタル教材を映写しながら絵本を読み聞かせる。 ・「犬はどこで何をしていますか。」 ○次に出てくる動物を推測させながら読み聞かせる。 ・「どんな動物が出てくるかな。」 ○静かに読み聞かせるのではなく、児童を巻き込みながら進めていく。	・季節、場所、行動等の場面設定を絵や音声から理解する。 ・新出表現は強調するなどくふうする。
展開 (15分)	1.【2回目】デジタル教材の音声を聞きながら絵本の内容に親しむ。 2.【3回目】教師と一緒に声を出しながら絵本の内容を振り返る。	○デジタル教材で音声を聞かせながら、絵本の内容について理解を深めさせたり、聞こえてくる表現等について気付きを促したりする。 ○再度、読み聞かせを行う。ここでは、可能な限り子どもの発話を促す。	・時折、ジェスチャーを交えたりする。 ・慣れ親しんだ表現は児童が発話する
振返 (8分)	1. 振り返りカードを書く。 2. 授業の感想を述べる。 3. 挨拶をする。 Thank you very much. Goodbye, Mr. (Ms.) 〜 . See you.	○振り返りカードを書かせる。 ○子ども数名を指名し感想を発表させた後、よかった点等についてコメントをする。 ○挨拶をする。 That's all for today. You did a great job! Goodbye, everyone. See you next time.	◎絵本の大まかな内容をつかんでいるか。

授業を充実させるためのポイント

1.最終単元としての取扱い

　本単元は、3年生の最後の単元であることから、子どもがこれまでの外国語活動の中で慣れ親しんできたさまざまな表現を取り扱いながら、絵本を題材として、「聞くこと」や「話すこと（やり取り）」等に取り組ませることができます。

　特に、絵本を用いることは、「身の回りのこと」に限定されていた視野を広げ、現実の世界では起こりえない場面を与えることが可能になりますから、教師のくふうしだいで多様な言語活動を行わせることができます。

　本単元は、「短い話を聞いておおよその内容が分かる」という体験をさせる設定であることから、絵本の読み聞かせ等を通して、「聞いて何となく分かった」という達成感を味わわせることが重要であり、このことが子どもの自信や学習意欲につながり、4年生の外国語活動への興味につながっていくと考えられます。

2.絵本の読み聞かせ

　外国語活動においては、「読むこと」の目標が設定されていないことから、実際には、子どもが一人で絵本の文字を見ながら読めるようになるということを求めていません。

　外国語活動における読み聞かせは、教師が子どもの顔を見ながら（理解度を確認しながら）、絵本の内容を読み聞かせ、絵本の内容をトピックとして子どもに語り掛けたりすることが中心となります。この単元の絵本では、Who are you? が最後のせりふになっていて、子どもが答えを考えるようになっています。答えは、Yes, I am. I am a dragon. 等となり、最後には、十二支が勢ぞろいします。

　3年生は、初めて外国語に出会う学年ですから、インプットを意識してたくさん聞かせることが重要です。本時でも1回目は教師、2回目はデジタル教材、3回目は教師と子どもと、3回の読み聞かせを設定し、動物の名称や特徴を表す英語表現にさまざまな気付きを生み出すよう配慮しています。

3.本時のスモールトークの例

　教師：（絵や写真を見せながら）I like rabbits. They are so cute!　What animal do you like?
子ども：I like cats, dogs, ……etc. / I like dogs!
　教師：Oh, you like cats. Me, too! / I know you have a dog. What's your dog's name?

● 評価の注意点

　「展開」における読み聞かせの際の観察と「振り返り」におけるワークシートへの記入・発表を通して、「子どもが楽しみながら絵本の大まかな内容を理解できたか」を確認します。キーワードや印象に残ったことなどをあげさせることも可能でしょう。英語が読めたかどうかという評価にならないよう気を付けましょう。

Unit9 Who are you? （第2時／5時間）
きみはだれ？

1 単元目標と評価のポイント

(1)日本語と英語の音声やリズムなどの違いに気付き、誰かと尋ねたり答えたりする表現に慣れ親しむ。（知識・技能）

(2)絵本などの短い話を聞いて、おおよその内容が分かる。（思考・判断・表現）

2 言語材料（表現）

Are you (a dog)?　Yes, I am. / No, I am not.　Who are you?　I'm (a dog).
Who am I?　Hint, please.

3 指導案　※本時は、文部科学省が作成したワークシート（Unit9-2）を使用する。

時	子どもの活動	教師の活動	留意点（◎評価）
挨拶 （7分）	1. 挨拶をする。 2. 教師の「好きな動物ベスト3」を予想しながら聞く。	○笑顔で、大きな声で挨拶をする。 ○「好きな動物ベスト3」という話題でスモールトークをする。	・英語で言えない動物名は日本語で可。
導入 （10分）	1. めあてを読んで確認する。 **動物あてクイズをしよう①** 2. 教師の読み聞かせを聞きながら、絵本の内容（登場する動物など）を想起する。	○本時のめあてを確認する。 **動物あてクイズをしよう①** ○読み聞かせを通して、絵本の内容を思い出させるとともに、繰り返される表現の意識付けを図る。 ・「犬は何て言っていましたか。」	・デジタル教材の音声でも可。
展開 （20分）	1. ポインティング・ゲーム 教師が発音する英語の動物名を聞き動物の絵を素早く指さす。 2. キーワード・ゲーム 教師が発音する動物名をリピートしながらキーワードが出たらペアで消しゴム等を取り合う。 3. 動物あてクイズ 教師が英語で出すヒントを聞き、どの動物を表しているのか推測する。	○ワークシートの12種類の動物（十二支）の名称を順不同に英語で発音する。 ○事前にキーワードを決めておく。 一定のリズムでワークシートの動物名を発音し、子どもに繰り返させる。 ※時間に応じて数回繰り返す。 ○動物名ではなく、絵本の中に出てきた "I see something…." 等でヒントを出し、子どもにAre you…?で質問させる。	・ワークシートを使用する。 ・1、2の活動を通して、動物名をたくさん聞かせる。 ◎言語材料や表現に慣れ親しんでいるか。
振返 （8分）	1. 振り返りカードを書く。 2. 授業の感想を述べる。 3. 挨拶をする。 Thank you very much. Goodbye, Mr. (Ms.) 〜. See you.	○振り返りカードを書かせる。 ○子ども数名を指名し感想を発表させた後、よかった点等についてコメントをする。 ○挨拶をする That's all for today. You did a great job! Goodbye, everyone. See you next time.	

授業を充実させるためのポイント

1. 読み聞かせの工夫

　読み聞かせも第2時以降になると、単に音声を聞かせるというだけでは、子どももすぐに飽きてしまいます。分かりやすさへの配慮に加え、子どもが楽しめるような工夫が望まれます。教師は、次のようなことに留意して読み聞かせを行うとよいでしょう。

- ●絵本に載っている英語をそのまま読むのではなく、子どもに絵本の中の絵やストーリー展開について質問するなど、絵本の内容・ストーリーに子どもを引き込んでいくようにする。
- ●ページをめくる際、次に出てくる動物は何か、何が起こるのかを予想させる発問をするなど、子どもが話の展開に興味をもつよう配慮する。
- ●子どもが内容を理解する手掛かりとなるよう、ジェスチャーを交えながら、表情豊かに読み聞かせる。

2. 活動と活動のつながりに配慮すること

　外国語活動では、ポインティング（指さし）・ゲーム、キーワード・ゲーム、ミッシング・ゲーム等の活動を通して、言語材料を導入したり、慣れ親しませたりします。どの活動も子どもから「楽しかった！」という感想が返ってくることが多いですが、それは、活動の目的を達成したことにはなりません。

　教師が、それぞれの活動のねらいと活動がどの領域につながっていくのかを理解し、意図的に活動をつなげていくことが大切です。

　本時では、ポインティング・ゲームで、まずは英語を聞くことから始め、キーワード・ゲームでは集中して聞きながら発音すること、動物あてクイズでは子どもが自分で発話することをねらっています。

3. 本時のスモールトークの例

　教師：There are three kinds of animals that I like. Can you guess my favorite animals?
　　　　It is white.
　子ども：Rabbit? / Hint, please.
　教師：That's right! I like rabbits the best. / How about the second best?
　　　　It has a long nose.

● 評価の注意点

　本時は第2時であることから、日本語と外国語との音声の違いに気付いたり、外国語の音声や表現に慣れ親しんだりする過程にあると考えます。言語や文化に関わる「気付きの種」を授業に散りばめておき、「振り返り」で一つでも多くの気付きが生まれるよう配慮しましょう。

Unit9

Who are you? （第3時／5時間）
きみはだれ？

① 単元目標と評価のポイント

(1)日本語と英語の音声やリズムなどの違いに気付き、誰かと尋ねたり答えたりする表現に慣れ親しむ。（知識・技能）

(2)絵本などの短い話を反応しながら聞くとともに、相手に伝わるようにせりふをまねて言おうとする。（学びに向かう態度）

② 言語材料（表現）

Are you (a dog)? Yes, I am. / No, I am not. Who are you? I'm (a dog).

Who am I? Hint, please.

③ 指導案　※本時は、テキストの巻末付属のワードカード（動物）を使用します。

時	子どもの活動	教師の活動	留意点（◎評価）
挨拶 (7分)	1. 挨拶をする。 2. 教師の「動物3ヒントクイズ」を聞き、答えを予想して答える。	○笑顔で、大きな声で挨拶をする。 ○英語で、ある動物の特徴についてのヒントを3つ提示し、子どもに予想させる。	• 分かりやすい語を使う。
導入 (10分)	1. めあてを読んで確認する。 **動物になりきってせりふを言ってみよう。** 2. 教師の読み聞かせを聞きながら、様々な動物が質問に答えるせりふを言ってみる。	○本時のめあてを確認する。 **動物になりきってせりふを言ってみよう。** ○読み聞かせの中で、動物のせりふを子どもに言わせる。 教師　　：Are you a...? 子ども：Yes, I am. I am a mouse.	• デジタル教材の音声でも可。
展開 (20分)	1. 仲間探しゲーム 自分で選んだ動物カードを持ち、英語で質問しながら同じ動物を選んだ人を探す。 2. チェーン・ゲーム グループ単位（4人程度）で円になって、次々に動物の名前で自己紹介する。自分の前に自己紹介した友だちの動物も紹介しながら、最後に自分のことを言う。 3. ロール・プレイ グループ内で各自の役割（動物）を決め、絵本のストーリーを再生する。	○活動前にモデルを示し、質問の仕方と答え方を確認させる。 A：Who are you? B：I am a dragon. ○活動前にモデルを示し、活動の仕方を確認させる。ここでは、友だちの言うこと（動物名）をしっかり聞いた上で、自己紹介するという流れとなるため、話し手を見ながら聞いたり、聞き手を見ながら明瞭に伝えたりすことが重要である。 ○チェーン・ゲームで活動したグループが協力し、どの子どもも達成感が得られるよう、各グループの様子を観察しながら支援する。	• 動物カードを使用する • グループの人数は、子どもの実態に応じて決める。 ◎相手に伝わるようにせりふを伝えているか。
振返 (8分)	1. 振り返りカードを書く。 2. 授業の感想を述べる。 3. 挨拶をする。 Thank you very much. Goodbye, Mr. (Ms.) ～. See you.	○振り返りカードを書かせる。 ○子ども数名を指名し感想を発表させた後、よかった点等についてコメントをする。 ○挨拶をする。 That's all for today. You did a great job! Goodbye, everyone. See you next time.	

授業を充実させるためのポイント

1.「聞くこと」がコミュニケーションの第一歩という感覚を養う

　子どもが主体的に動物（カード）を選択し、その内容を相手に伝え合うといった活動においては、子どもは、自分が話すことに意識がいってしまい、友だちが話したことを聞けなくなってしまうことがあります。

　このように、英語を使用しているとしても相手に伝わるかどうかお構いなしに発表し合うだけでは、相手意識のあるやり取りに発展していきません。

　あくまでも教室内のゲームやアクティビティという枠組みではありますが、本時の仲間探しゲームやチェーン・ゲームは、相手しかもっていない情報を聞き取った上で、自分が発話するというプロセスを踏んでいます。

　教師がこのような点を大切に指導していくことで活動の質が変わってきます。

2.スリーヒントクイズの例

子ども：Who are you?
　教師：I am small. / I am black and white. / I like swimming.（ジェスチャーを交えながら）
子ども：Are you a penguin?
　教師：Yes, I am. I am a penguin.

　上記の例は、冠詞のaを用いた正しい英文で示していますが、実際に子どもが答えるときには冠詞を正しく使うことはまだできないことが多いでしょう。

　正確な英文を話すことを求めるのではなく、英語によるコミュニケーション活動を楽しませるといった趣旨は、これまでの外国語活動と変わりません。

● 評価の注意点

　絵本のあらすじを理解し、出てきた言語材料に慣れ親しんできたところで、教師一人一人に役割（発話の機会）を与えています。

　「絵本＝文字を読むこと」ではなく、文字は発話の補助として取り扱い、あくまでも音声を中心とした「聞くこと」「話すこと」の活動の様子を評価しましょう。

第2章　"Let's Try! 1" 35時間の指導案　81

Unit9

Who are you? （第4時／5時間）
きみはだれ？

1 単元目標と評価のポイント

(1)日本語と英語の音声やリズムなどの違いに気付き、誰かと尋ねたり答えたりする表現に慣れ親しむ。（知識・技能）

(2)絵本などの短い話を反応しながら聞くとともに、相手に伝わるようにせりふをまねて言おうとする。（学びに向かう態度）

2 言語材料（表現）

Are you (a dog)?　Yes, I am. / No, I am not.　Who are you?　I'm (a dog).

Who am I?　Hint, please.

3 指導案　※本時は、テキストの巻末付属のワードカード（動物）を使用します。

時	子どもの活動	教師の活動	留意点（◎評価）
挨拶 （7分）	1. 挨拶をする。 2. Who am I?クイズ 英語でヒントを出しながら、カードに描かれた動物名を教師に答えさせる。	○笑顔で、大きな声で挨拶をする。 ○動物のカードを1枚選び、子どもだけが見られるように掲示する。カードを見ていない教師が、子どものヒントをもとに動物名を推測する。	• 色、形など絵本に出てきた表現を用いる。
導入 （10分）	1. めあてを読んで確認する。 **絵本の内容をアレンジしてみよう。** 2.「偶然の出会い」ゲーム 各自、動物カードをすべて持ち、教室内でできるだけ多くの友だちと質問し合う。カードをめくって出た動物名で答える。	○本時のめあてを確認する。 **絵本の内容をアレンジしてみよう。** ○活動前にモデルを示す。前時と同じ対話であるが、予め決めた動物名ではなく、その場でカードをめくって出た動物名で答えることを確認する。	• 動物カードを使用する。 • 必要に応じて、活動前に動物名を想起する活動を入れる。
展開 （20分）	1. チェーン・ゲーム グループ単位（5、6人）で円になって、次々に動物の名前で自己紹介する。自分の前に自己紹介した友だちの動物も紹介しながら、最後に自分のことを言う。 2. オリジナルせりふ 今まで慣れ親しんだ表現を用いて、登場する動物たちが、自分のことを紹介する文を考える。考えたせりふを加えて、グループごとにオリジナルの話として発表する。	○活動前にモデルを示し、活動の仕方を確認させる。 ※動物名に十分慣れ親しんでいるようであれば、果物名などで取り組ませることもできる。 ○絵本の内容や表現にアレンジを加えてよいことを伝える。 • 絵本に登場しなかった動物を登場させる。 • 絵本に登場した動物の紹介にせりふを加えたりする。	• グループの人数は、子どもの実態に応じて決める。 ◎相手に伝わるようにくふうしてせりふを伝えようとしているか。
振返 （8分）	1. 振り返りカードを書く。 2. 授業の感想を述べる。 3. 挨拶をする。 Thank you very much. Goodbye, Mr. (Ms.) 〜 . See you.	○振り返りカードを書かせる。 ○児童数名を指名し感想を発表させ、よかった点等についてコメントする。 ○挨拶をする。 That's all for today. You did a great job! Goodbye, everyone. See you next time.	

82

授業を充実させるためのポイント

1.「その場で話す」感覚を養う

　「話すこと（やり取り）」に係る活動では、事前に十分な準備をしてから話すのではなく、相手からの挨拶、質問、指示にその場で応答する力が求められます。

　本時の「偶然の出会い」ゲームでは、事前に慣れ親しんだ動物の名称をその場で紹介するという程度ではありますが、ある種の即興的要素を体験させることに配慮しています。発展的な活動として即興クイズをつくるなども可能です。

【対話例１】

　（お互いに）Hello!

　A：Who are you?

　B：（カードをめくって）I am a monkey.　Who are you?

　A：（カードをめくって）I am a tiger.

　　（お互いに）Thank you. / See you!

【対話例２】

　A：Who are you?

　B：（カードをめくって）I have white long ears.

　A：Are you a rabbit ?

　B：Yes. I am a rabbit.

2.「オリジナルせりふ」を考えることを通して、基本的な表現に慣れ親しませる

　絵本の中の表現を変えて動物の自己紹介をさせたり、表現を活用して他の動物を登場させたりすることは、絵本のストーリーに児童を引き込むのに有効であるばかりでなく、文構造を保ったまま動物名を入れ替えれば、別の動物の紹介もできるなどの気付きを促すこともできます。

　子どもは自由な発想でストーリーを変えたがりますので、「カバって英語で何て言うのですか」等の質問が出てくることも予想されます。単に英語（Hippo, Hippopotamus）を教えても、これまでの外国語活動で取り扱われていない表現については、その表現の聞き手となる相手の子どもにも伝わりづらいものです。表現だけでなく身振りを含め分かりやすく表現する方法も子どもに考えさせることが大切です。

● 評価の注意点

　　子どもが創意工夫を加えて、オリジナルのストーリーを伝え合う楽しさを体験させることを中心に据えましょう。子どものその場での発話における誤った表現に対しては、教師やALTがやり取りの中で、正しい表現で言い返してあげる（リキャスト）などのくふうをして、明示的な訂正は極力さけるようにしましょう。自然にリキャストしたいです。

第2章　"Let's Try! 1" 35時間の指導案　　83

Unit9 Who are you? （第5時／5時間）
きみはだれ？

① 単元目標と評価のポイント

(1)日本語と英語の音声やリズムなどの違いに気付き、誰かと尋ねたり答えたりする表現に
慣れ親しむ。（知識・技能）

(2)絵本などの短い話を反応しながら聞くとともに、相手に伝わるようにせりふをまねて言
おうとする。（学びに向かう態度）

② 言語材料 （表現）

Are you (a dog)?　Yes, I am. / No, I am not.　Who are you?　I'm (a dog).
Who am I?　Hint, please.

③ 指導案

時	子どもの活動	教師の活動	留意点 （◎評価）
挨拶 (5分)	1. 挨拶をする。 2. デジタル教材の音声に合わせて、全員で絵本のせりふを声に出す。	○笑顔で、大きな声で挨拶をする。 ○デジタル教材の音声と同時に（かぶせて）せりふを言わせ、リズムよく表現することを意識付ける。	
導入 (7分)	1. めあてを読んで確認する。 **オリジナル "Who are you?" を発表しよう。** 2. グループで発表練習をする。	○本時のめあてを確認する。 **オリジナル "Who are you?" を発表しよう。** ○発表順番を決めた後、各グループで発表練習に取り組ませる。	
展開 (20分)	1. グループごとに発表する。 2. それぞれのグループの発表について、工夫している点やおもしろいと思った点を評価し合う。	○グループごとに発表させる。 ※教室の前方で、身振り手振りを交えながら演劇風に発表させる、人形劇にするなど、設定の工夫も可能。 ○グループの発表が終わるごとに、聞いていたグループから感想を発表させる。	◎相手に配慮しながら伝え合っているかどうかを見る。
振返 (13分)	1. 振り返りカードを書く。 2. 授業の感想を述べる。 3. 図書館にある英語の絵本の読み聞かせを聞く。 4. 挨拶をする。 Thank you very much. Goodbye, Mr. (Ms.) 〜 . See you.	○振り返りカードを書かせる。 ○子ども数名を指名し感想を発表させ、本時及び本単元の取組についてコメントする。 ○図書館にある英語の絵本を読み聞かせる。 ○挨拶をする。 That's all for today. You did a great job! Goodbye, everyone. See you next time.	・子どもの興味・関心を広げる。

84

授業を充実させるためのポイント

1.子どもの「よいところ探し」の時間

　聞いたり話したりする姿を評価する小学校外国語活動においては、「褒める」ことが何より大切です。子どもが最も嬉しいのは、クラスの仲間や担任の先生に褒めてもらうことでしょう。

　本時のような子どもの活躍場面が多くある発表場面では、「よいところ探し」の視点からで子どもの活動を見守り、Great! / Excellent! / Fantastic! など、褒め言葉をかけていきましょう。

2.単元のゴールの活動をくふうする

　本時のオリジナル "Who are you?" をグループで発表するという活動は、さまざまな形態で実施することができます。

　紙人形劇（ペープサート）や紙芝居で発表させたり、演劇のように発表させたり、準備時間を確保することでオリジナル絵本を作って発表させたりと、子どもの実態に合わせて活動を工夫し、一年間のまとめの活動としましょう。

3.外国語活動の体験を広げる

　本時では、「振り返り」の後に、図書館等にある英語の絵本の読み聞かせを入れています。
文部科学省の「外国語教育強化地域拠点事業」の実践において、真正な（本物の）絵本教材に触れさせることで、読み聞かせ自体が好きになる子どもが増えたり、リズムよく読める絵本に興味をもつ子どもが増えたりしたという報告をされた学校もありました。

　教室内に絵本教材を整備したり、図書室等にいつでも絵本を閲覧できる環境をつくったりすることで、授業が終わってからも主体的に絵本を読もうとする子どもが見られるようになるでしょう。

● 評価の注意点

　本時におけるグループ発表は、本単元（または最終学期）の大きな評価場面となることから、発表の様子をビデオ撮影するなどして、子ども一人一人の姿を記録した上で評価することが大切です。このことは、教師にとっても後に、高学年での外国語科のパフォーマンス評価をする際のきっかけともなります。

　また、本時での姿に限定せず、絵本の読み聞かせに始まり、さまざまなアクティビティやグループ発表に取り組む中で、子ども一人一人がどのように活動し、どのように成長したのかを「見取ること」と「振り返りカード」でも記録し、把握していくことが適切な評価につながります。

第２章　"Let's Try! 1" 35時間の指導案　　85

第3章

"Let's Try！2"
35時間の指導案

Unit 1 Hello, world! (第1時/2時間)
世界のいろいろなことばであいさつをしよう

① 本時の目標と評価のポイント

(1)さまざまな挨拶の仕方があることに気付くとともに、さまざまな挨拶の言い方に慣れ親しむ。（知識・技能）

(2)友だちと挨拶をして、自分の好みなどを伝え合う。（思考・判断・表現）

② 言語材料（表現）

Hello. Good [morning / afternoon / night]. I like (strawberries). Goodbye. See you.

③ 指導案

時	子どもの活動	教師の活動	留意点（◎評価）
挨拶 (8分)	1. 挨拶をする。 　Hello. Mr. (Ms.) Kawano. 　・ペアで挨拶をする。 2. 担任の話を聞き、内容について の質問に答える。	○笑顔で、大きな声で挨拶をする。 　Hello, everyone. 　・ペアでも挨拶をさせる。 ○自己紹介のスモールトークをし、内容について尋ねる。	・分かりやすい語を使う。
導入 (5分)	1. めあてを読んで確認する。 **世界のいろいろな言葉であいさつしよう。**	○本時のめあてを確認する。 **世界のいろいろな言葉であいさつしよう。**	
展開 (20分)	1. Let's Sing 　・歌を歌う。 2. 映像を見て、気付いたことを誌面に書く。 3. 音声を聞いて、どの国の挨拶か考える。 4. 世界の言葉を使って挨拶をする。 　・ペアで友だちの様子を聞き合う。 　・クラスの友だちの様子を聞き合う。	○Hello Song を歌わせる。 ○Let's Watch and Think 1 （p.2） 　・映像を見せ、気付いたことを発表させる。 ○Let's Listen 1 （p.3） 　・内容について、尋ねる。 ○Let's Play （p.4） 　・友だちと挨拶をして、好きなものを尋ねさせる。 　・デモンストレーションによりルールを示す。 　I'm Satoko. 　How are you? —I'm (fine). 　I like cats. Do you like cats? 　I see. 　・隣の友だちと挨拶をさせる。 　・友だちが何が好きと話したか、誌面に書き込ませる。	・"Let's Try! 1" を想起させる。 ◎共通点や相違点に気付く。 ・自分で選んだ国の言葉で挨拶をさせる。 ◎友だちと挨拶を交わし、好きなものなどを伝え合う。
振返 (12分)	1. 振り返りカードを書く。 2. 授業の感想を述べる。 3. 歌を歌う。 4. 挨拶をする。 　Thank you very much. 　Goodbye, Mr. (Ms.) ～. 　See you.	○振り返りカードを書かせる。 ○子どもを指名し感想を述べさせる。 ○Goodbye Song を歌わせる。 ○挨拶をする。 　That's all for today. 　You did a great job! 　Goodbye, everyone. 　See you next time.	・視点を示して書かせる。

授業を充実させるためのポイント

1.スモールトーク

　新年度はじめの外国語活動ですから、教師の好きなこと（もの）を中心に話したり、尋ねたりして、子どもの興味を引き出します。

　Hello, everyone. I'm Kawano Fumika. How are you? I'm happy.
　I like fruits. I like apples very much. Do you like apples?　—　Really?

2.Let's Watch and Think の映像を見る

　Let's Try! 1 のUnit1 では、挨拶の言葉に出会ってはいますが、子どもは、ここではじめて挨拶を交わす様子を目にします。挨拶の音声や文字はもちろん違うのですが、国によって挨拶の時の動作が違うこと、名前の付け方等が違うことにも気が付くはずです。

　また、目と目を合わせて、笑顔で挨拶を交わしていることや、名前の言い方は違っていても、さまざまな願いが込められて付けられた名前であることなどの共通点にも目を向けさせます。

3.Let's Play

　授業導入時のスモールトークでデモンストレーションを行っていても、再度、会話の形を実際にやって見せましょう。I like 〜. Do you like 〜? Yes, I do. / No, I don't. は、3年生で慣れ親しんでいるとはいえ、4年生になってはじめて使うことになります。

　デモンストレーションの前に教師が子どもに好きなものを尋ねるなどして、表現を思い出させます。

● 評価の注意点

　展開の「2．映像を見て、気付いたことを誌面に書く。」場面を見て、世界の挨拶の違いや共通点に気付いているかどうかを誌面への書き込みと、授業中の話し合いの様子から見取ります。

　映像を見せる前に、視点を示しておくと、どの子も視点に沿って考えながら映像を見ることができます。

第3章　"Let's Try! 2" 35時間の指導案　89

Unit 1　Hello, world!（第2時／2時間）

世界のいろいろなことばであいさつをしよう

① 本時の目標と評価のポイント

(1)友だちと挨拶をして、自分の好みなどを伝え合う。（思考・判断・表現）

(2)相手に配慮しながら、友だちと挨拶をして、自分の好みなどを伝え合おうとする。
　（学びに向かう態度）

② 言語材料（表現）

Hello. Good [morning / afternoon / night]. I like (strawberries). Goodbye. See you.

③ 指導案

時	子どもの活動	教師の活動	留意点（◎評価）
挨拶 （5分）	1. 挨拶をする。 　Hello. Mr. (Ms.) Kawano. 　• ペアで挨拶をする。	○笑顔で、大きな声で挨拶をする。 　Hello, everyone. 　• ペアでも挨拶をさせる。	
導入 （5分）	1. めあてを読んで確認する。 **あいさつをして、友だちの** **ことをもっとよく知ろう。**	○本時のめあてを確認する。 **あいさつをして、友だちのことをも** **っとよく知ろう。**	
展開 （25分）	1. チャンツ Hello! 　• 歌を歌う。 2. 映像を見て、気付いたこと 　を誌面に書く。 　• あいさつ名人ゲームをす 　る。 3. 音声を聞いて、名前や好き 　なものなどを聞き取る。 4. 友だちと挨拶をして、好き 　なものやことを伝え合い、 　分かったことを書く。 　• ペアで聞き合う。 　• クラスの友だちの様子を 　聞き合う。	○チャンツを言わせる。 ○Let's Watch and Think 2（p.4） 　• 映像を見せ、気付いたことを発表 　させる。 　• 実際に、時や場面を設定して、3 　つの挨拶をさせてみる。 ○Let's Listen 2（p.5） 　• 好きなものや嫌いなものを含めた 　数文の挨拶を聞き取らせる。 　• 内容について、尋ねる。 ○Activity（p.5） 　• 友だちにインタビューさせる。 　• デモンストレーションにより挨拶 　の仕方を示す。 　• 隣の友だちと挨拶をさせる。 　• 友だちは何が好きと話したか、誌 　面に書き込ませる。	◎Let's Try! 1を想 起させる。 ◎友だちと挨拶を 交わし、好きな ものやことを伝 え合う。
振返 （10分）	1. 振り返りカードを書く。 2. 授業の感想を述べる。 3. 歌を歌う。 4. 挨拶をする。 　Thank you very much. 　Goodbye, Mr. (Ms.) 〜 . 　See you.	○振り返りカードを書かせる。 ○子どもを指名し感想を述べさせる。 ○Goodbye Song を歌わせる。 ○挨拶をする。 　That's all for today. 　You did a great job! 　Goodbye, everyone. 　See you next time.	• 視点を示して書 かせる。

授業を充実させるためのポイント

1.Let's Watch and Think 2

　子どもに、映像を視聴させ、英語にも日本語と同様に午前、午後、就寝前など、時や場面に応じた挨拶があることに気付かせます。また、今まで慣れ親しんできた Hello. や Hi. 等の表現は時間帯を超えて使うことができそうなことにも子ども自身に気付かせるようにします。

　十分に話し合った後、時計やジェスチャーなどを用いて、実際に子どもに Good morning. / Good afternoon. / Good evening. / Good night. と挨拶をさせるゲームをし、時や場面を意識させます。(「あいさつ名人ゲーム（仮称）」)

2.Let's Listen

　Let's Watch and Think 2 では、見て聞いて考える活動をしますが、今度は、音声だけを聞き取る活動なので、難易度が増します。数文の挨拶を聞き取らせることが教師のねらいなので、1人分の文のまとまりはまとめて聞かせます。

　子どもの要望に応じて何度か聞かせたら、答え合わせを兼ねて、それぞれの登場人物になりきって、話すようにさせたいです。絵をもたせて、全員で話したり、グループごとに話したりさせ、1人でも自信をもって話すことができるための練習になるようにしていきましょう。

3.Activityにおけるデモンストレーション

　デジタル教材に、音声データが入っていますので、それを活用するのも良いのですが、さらに効果的と思われるのは、教師が実際にやって見せることです。大好きな担任の先生が、英語を使ったやり取りをして見せることで、子どもは、自分も何とか使ってみようという気持ちになります。

　また、ALT等と2人で実演して見せると一番分かりやすいはずです。他にはピクチャーカードを使って会話の道筋を示す工夫も考えられます。

● 評価の注意点

　展開の「4. 友だちと挨拶をして、好きなものやことを伝え合う。」場面を見て、自分の好きなことを伝えようとしているかを見取っていきます。

Unit2 Let's play cards. （第1時／4時間）
すきな遊びをつたえよう

1 本時の目標と評価のポイント

(1)身近な遊びについて、世界の子どもたちとの共通点・相違点に気付く。（知識・技能）

(2)動作や遊び・天気の言い方に慣れ親しむ。（知識・技能）

2 言語材料（表現）

How's the weather? It's [sunny/rainy/cloudy/snowy].

Let's 〜 . Stand up. Sit down. Jump. Stop.

3 指導案

時	子どもの活動	教師の活動	留意点（◎評価）
挨拶 (7分)	1. 挨拶をする。 　Hello. Mr. (Ms.)Kuroda. 　I'm fine. How are you? 2. 友だちと挨拶をする。 3. スモールトークを聞き、内容についての質問に答える。	○笑顔で、大きな声で挨拶をする。 　Hello, everyone. How are you? 　I'm happy, thank you. ○既習の表現を使って友だちと挨拶をさせる。 ○スモールトークをする。 　「なんの遊びをしているでしょう。」	・分かりやすい語を使う。
導入 (15分)	1. めあてを読んで確認する。 **世界のさまざまな遊びを知ろう。** 2. 映像を見て、教師の質問に対して答える。	○本時のめあてを確認する。 **世界のさまざまな遊びを知ろう。** ○Let's Watch and Think 1（p.6, 7）を誌面を見ながら視聴させ、どんなことをしている場面か確認させる。 ・「どんな遊びをしていましたか。」 ・映像を見て気付いたことを伝え合う。	◎身近な遊びについて、世界の子どもたちとの共通点・相違点に気付く。
展開 (15分)	1. 天気の言い方を知る。 2. ポインティング・ゲームをする。 3. プリーズ・ゲームをする。	○Let's Chant（p.6）How's the weather ? を数回聞かせ、音源に真似して言わせる。 ○教師が言った天気の絵を指ささせる。 ○文に Please が付いている時だけ動作の指示に従わせる。	・ゲームのやり方をデモンストレーションで示す。
振返 (8分)	1. 振り返りカードを書く。 2. 授業の感想を述べる。 3. 挨拶をする。 　Thank you very much. 　Goodbye, Mr. (Ms.) 〜 . 　See you. 4. 教師とハイタッチをする。	○振り返りカードを書かせる。 ○指名し感想を述べさせる。 ○挨拶をする。 　That's all for today. 　You did a great job! 　Goodbye, everyone. 　See you next time. ○一人一人と対話しハイタッチをする。	

授業を充実させるためのポイント

1. スモールトーク（だるまさんが転んだ）

T1: Hello.

T2: Hello.

T1: Let's play "Red light Green light"!

T2: OK. Rock-Paper-Scissors 1,2,3.

T1: Green light.

T1: Green light.

T1: Red light. You moved.

2. 世界の遊び

　世界のさまざまな国と日本の遊びを映像資料で視聴します。そのことで、世界の子どもたちがしている遊びと日本の遊び、自分がしている遊びとの共通点や相違点に気付かせ、多様性を受け止める素地を育てていくことが大切です。

　「遊びに誘えるようになったら、インタビューをし合って、一番人気の高かった遊びをみんなでやろうね。」と単元のゴールを示します。そうすると、その目的を達成するために、より意欲的に活動する姿が見られることでしょう。

3. 活動の説明は、デモンストレーションで

　ポインティング・ゲームは、天気の尋ね方と言い方に自然に慣れ親しませるためのゲームです。全員でHow's the weather?と尋ね、教師がIt's 〜.と答えて、その天気の該当する挿絵（p.6,7）を選び、指さします。

　プリーズ・ゲームは、動作の言い方に慣れ親しませるだけでなく、注意深く聞く必然性のあるゲームです。Stand up. / Sit down. / Jump. / Stop. などの動作を "Please" が付いた時だけ行います。

　活動のやり方は、デモンストレーションで見せることで、説明は少なくても理解させることができます。また子どもたちに、英語で説明されてもやることが分かったぞという前向きな気持ちをもたせることができます。

> ## ● 評価の注意点
>
> 　導入2の展開のLet's Watch and Think 1の場面でさまざまな国の遊び方を視聴して、相違点に気付いているかを見取っていきます。日本の遊び歌「どれにしようかな。神様の言う通り…。」が他の国でも同じような歌で使われていることに驚く子もいることでしょう。「他の遊びはありますか。」「調べてみたい。」と言う子もいるかもしれません。
>
> 　子どものつぶやきや発言を大切にしつつ、ここでの映像を視聴してわかることは、日本や世界の子どもたちの生活の一例であり、国を代表するものではないことに留意しましょう。また、発言はしていなくても振り返りカードに書いている子どもの気付きも大切にしたいものです。

第3章 "Let's Try! 2" 35時間の指導案　93

Unit2 Let's play cards.（第2時/4時間）
すきな遊びをつたえよう

1 本時の目標と評価のポイント
(1)天気や衣類、遊びの言い方や好きな遊びを尋ねたり答えたりする表現に慣れ親しむ。
　（知識・技能）
(2)身近な遊びについて、世界の子どもたちとの共通点・相違点に気付く。（知識・技能）

2 言語材料（表現）
How's the weather? It's [sunny/rainy/cloudy/snowy]. Let's (play cards).

3 指導案

時	子どもの活動	教師の活動	留意点（◎評価）
挨拶 (7分)	1. 挨拶をする。 Hello. Mr. (Ms.) Kuroda. I'm fine. How are you? 2. 友だちと挨拶をする。 3. スモールトークを聞き、内容についての質問に答える。	○笑顔で、大きな声で挨拶をする。 Hello, everyone. How are you? I'm happy, thank you. ○既習の表現を使って友だちと挨拶をさせる。 ○スモールトークをする。 「何の遊びをしていますか。」	•分かりやすい語を使う。
導入 (15分)	1. めあてを読んで確認する。 **天気や遊びの言い方に慣れよう。** 2. チャンツを言う。 3. 歌を歌う。	○本時のめあてを確認する。 **天気や遊びの言いかたに慣れよう。** ○Let's Chant（p.6）How's the weather ? を言わせる。 ○誌面（p.6, 7）の中の歌や遊びをさせる。 • Rain Rain Go Away を歌わせる。 • One little finger の指遊びをさせる。	
展開 (15分)	1. ピクショナリー・リレーをする。 2. 誰がどんな天気でどんな遊びをするのかを聞き取り、線で結ぶ。	○天気を絵で伝えるリレーをする。 ○Let's Listen 1(p.8) を聞き、誰がどんな天気でどんな遊びをするのかを線で結ばせる。	◎天気や遊びを尋ねたり答えたりする表現に慣れ親しむ。
振返 (8分)	1. 振り返りカードを書く。 2. 授業の感想を述べる。 3. 挨拶をする。 Thank you very much. Goodbye, Mr. (Ms.) 〜. See you. 4. 教師とハイタッチをする。	○振り返りカードを書かせる。 ○指名し感想を述べさせる。 ○挨拶をする。 That's all for today. You did a great job! Goodbye, everyone. See you next time. ○一人一人と対話しハイタッチをする	

授業を充実させるためのポイント

1. スモールトーク

教師の「好きな遊び」についてのスモールトークをします。

（例）Hello. I like to jump rope. Do you like to jump rope?
I can do "Hayabusa." Let's jump rope with me after lunch.

2. ピクショナリー・リレー

天気の尋ね方や言い方に自然に慣れ親しませるためのゲームです。グループごとに活動します。1人ずつ、4つの天気の選択肢の中から1つを選び、ヒントになる絵をその場で描き、グループの他の人に、How's the weather? と聞きます。描かれるものを見ながら、It's 〜 . と言って当てるゲームです。

正解なら、That's right. ／間違っていたら、Try again. と言いながらリレー方式で早くグループ全員のお題を言い当て終えたチームが勝ちという簡単なゲームです。答える人数は学級の実態に応じて1人かグループ全員かを決めるとよいでしょう。

問題を出す人と答える人の距離をある程度離すと、大きな声を出して相手に伝えようとする必然性が生まれます。活動を行う上で、さりげない点ですが、場の設定は重要です。

3. 子どもの遊びや習慣を授業に取り入れる

外国語活動では、本時の活動のように、子どもたちの身近な遊びを取り入れていくことができます。普段の遊びやゲームを「英語で」行わせることにより、説明も不要で、どの子も安心して活動することができます。子どものことをよく知っている学級担任の教師だからこそのアレンジが可能です。

● 評価の注意点

導入ではチャンツや歌をたくさん組み入れます。そうすると、リズムよく言ったり、ジェスチャーを付けたりしながら慣れ親しんでいる様子を見取ることができるでしょう。

また、展開1のピクショナリーリレーでは、全員が天気を尋ねたり答えたりする必然性のある場を設定します。進んではっきりと大きな声で活動し、表現に慣れ親しんでいる子を見取ることもできます。

第3章 "Let's Try! 2" 35時間の指導案　95

Unit2 Let's play cards.（第3時／4時間）
すきな遊びをつたえよう

1 本時の目標と評価のポイント
(1)天気や衣類、遊びの言い方や尋ね方に慣れ親しむ。（知識・技能）
(2)したい遊びについて尋ねたり答えたりして伝え合う。（思考・判断・表現）

2 言語材料（表現）
How's the weather? It's [sunny/rainy/cloudy/snowy]. Let's (play cards).

3 指導案

時	子どもの活動	教師の活動	留意点（◎評価）
挨拶 (7分)	1. 挨拶をする。 Hello. Mr. (Ms.)Kuroda. I'm fine. How are you? 2. 友だちと挨拶をする。 3. スモールトークを聞き、内容についての質問に答える。	○笑顔で、大きな声で挨拶をする。 Hello, everyone. How are you? I'm happy, thank you. ○既習の表現を使って友だちと挨拶をさせる。 ○スモールトークをする。 「どんなことをして遊ぶのが好きだと言っていましたか。」	• 分かりやすい語を使う。
導入 (15分)	1. めあてを読んで確認する。 **遊びや天気の言いかたに慣れよう。** 2. チャンツを言う。 3. 歌を歌う。	○本時のめあてを確認する。 **遊びや天気の言いかたに慣れよう。** ○Let's Chant（p.6）How's the weather ? を言わせる。 ○誌面（p. 6, 7）の中の歌や遊びをさせる。 • Rain Rain Go Away を歌わせる。 • One little finger の指遊びをさせる。	
展開 (15分)	1. 天気と衣類についての音源を聞き、線で結ぶ。 2. 映像を視聴し、世界のさまざまな天気とその様子について知る。 3. カードゲームをする。	○Let's Listen 2（p.8）を聞かせ、天気と衣類を線で結ばせる。 ○Let's Watch and Think 2（p.9）を視聴し、世界のさまざまな天気について気付いたことを発表させる。 ○ゲームを通して遊びに誘う言い方に慣れ親しませる。	◎天気や遊びを尋ねたり答えたりする表現に慣れ親しむ。
振返 (8分)	1. 振り返りカードを書く。 2. 授業の感想を述べる。 3. 挨拶をする。 Thank you very much. Goodbye, Mr. (Ms.) ～. See you. 4. 教師とハイタッチをする。	○振り返りカードを書かせる。 ○指名し感想を述べさせる。 ○挨拶をする。 That's all for today. You did a great job! Goodbye, everyone. See you next time. ○一人一人と対話しハイタッチをする。	

授業を充実させるためのポイント

1. スモールトーク

　教師の好きな季節と、その季節に何をするのかなどについてのスモールトークをします。
（例）Hello. There are four seasons in Japan. Spring, summer, fall and winter. I like summer the best. I like swimming in the swimming pool and at the beach. And I like watermelons. What season do you like?

2. 世界の天気

　ここでは、気象予報士がさまざまな国の天気を説明している様子を視聴します。扱われている語彙や表現は、天気特有のものであったり、子どもたちが聞き慣れないものであったりするため、すべて理解しなくてもよいと予め伝えます。
　音源を聞かせる前に「さまざまな国の天気や自然の様子について、気が付いたことを聞くからね。」と活動の視点を与えると、天気を通して世界への興味関心を高められることでしょう。

3. カードゲーム

　遊びに誘う言い方に自然に慣れ親しませるための活動で、ババ抜きのようなカードゲームです。揃える2枚のカードを遊びの様子が描かれた絵カードにすることで、楽しく交流しながら単語や表現に慣れ親しませることができます。
　グループ全員にカードを配り、1枚は裏にして班の席配置の中央に置きます。順番に隣の人にLet's Play ～?と聞きます。聞かれた人は、持っていたらOK.と言って渡し、持っていなかったらNo,sorry.答えます。2枚の同じカード（ペア）が揃ったら、カードを表にして自分の前に置きます。カードを最初に全部手元からなくした人の勝ちです。
　この活動は、友だちを遊びに誘う活動につながります。カードゲームをすることが目的ではなく、しっかりと伝え合えているグループを認めて褒め、その取り組み方を全体にも広げましょう。

4. 身近で現実味を感じられる場

　天気に応じた衣類を選ぶことは、子どもにとって身近な場面であり、天気の尋ね方や言い方も自分の日常と重ね合わせて活動させたいものです。そうすることで、聞いたことがない表現でも、場面からその表現の内容を推測したり、聞いたことがある英単語を手がかりにしながら聞いたりすることにつながるでしょう。

● 評価の注意点

　チャンツや歌を通して、天気を尋ねたり答えたりする表現を使った表現に慣れ親しみ、カードゲームを通して一生懸命伝えようとしていたかを見取っていきます。
　活動後に、友だちの頑張りを発表させたり、振り返りカードに書かせたりすることで、教師が見取れなかった子どもの頑張りに気付くこともできるでしょう。

第3章　"Let's Try! 2" 35時間の指導案　　97

Unit2

Let's play cards. (第4時/4時間)
すきな遊びをつたえよう

① 本時の目標と評価のポイント

(1)天気や衣類、遊びの言い方や尋ね方に慣れ親しむ。（知識・技能）

(2)相手に配慮しながら、友達を自分のしたい遊びに誘おうとする。（学びに向かう態度）

② 言語材料（表現）

How's the weather? It's [sunny/rainy/cloudy/snowy]. Let's (play cards).

③ 指導案

時	子どもの活動	教師の活動	留意点（◎評価）
挨拶 （7分）	1. 挨拶をする。 　Hello. Mr. (Ms.)Kuroda. 　I'm fine. How are you? 2. 友だちと挨拶をする。 3. 友だちを遊びに誘うデモンストレーションを聞く。	○笑顔で、大きな声で挨拶をする。 　Hello, everyone. How are you? 　I'm happy, thank you. ○既習の表現を使って友だちと挨拶をさせる。 ○友だちを遊びに誘うデモンストレーションをする。	
導入 （15分）	1. めあてを読んで確認する。 　**たくさんの友だちを遊びに誘おう。** 2. チャンツを言う。 3. 歌を歌う。	○本時のめあてを確認する。 　**たくさんの友だちを遊びに誘おう。** ○Let's Chant（p.6）How's the weather？を言わせる。 ○誌面（p.6, 7）の中の歌や遊びをさせる。 　• Rain Rain Go Away を歌わせる。 　• One little finger の指遊びをさせる。	
展開 （15分）	1. 世界の天気についての音源を聞き、天気の絵を空欄に書く。 2. 自分がやりたい遊びを表に書き込み、ペアになった相手を誘う。	○Let's Listen 3（p.9）を聞かせ、天気の絵を空欄に書かせる。 　• 国の名前と位置を確かめさせる。 ○Activity（p.9）の表に、やりたい遊びを書かせ、ペアになった友だちを誘わせ、Yes と答えた人数を記録させる。 ○一番人気がある遊びを全員で集計し、次の休み時間に遊ぶことを伝える。	◎相手に配慮しながら、友だちを自分のしたい遊びに誘おうとする。
振返 （8分）	1. 振り返りカードを書く。 2. 授業の感想を述べる。 3. 挨拶をする。 　Thank you very much. 　Goodbye, Mr. (Ms.)～. 　See you. 4. 教師とハイタッチをする。	○振り返りカードを書かせる。 ○指名し感想を述べさせる。 ○挨拶をする。 　That's all for today. 　You did a great job! 　Goodbye, everyone. 　See you next time. ○一人一人と対話しハイタッチをする。	

授業を充実させるためのポイント

1. 慣れ親しませるためのくふう

　今回の単元では、扱う単語や表現が他の単元に比べて多いため、歌やチャンツを活用し毎時間慣れ親しむ場のくふうを設定します。これは、あくまでも計画であって、子どもたちの様子を見ながら増やしたり減らしたりといった改善をしていく必要があります。

　また、慣れ親しませるためのくふうには、現在学習している単元だけでなく、当該単元より前の単元で学習した言語・表現材料を繰り返し使用できる機会を保障し、一層の定着を図る必要もあります。

　そこで、毎時間、挨拶時の「2. 友だちと挨拶をする。」場面で既習表現を使って子ども同士が対話をする場を設けています。

　さらに、本時で慣れ親しんだ表現を使って子ども一人一人が教師と交流する場も大事にしたいです。そこで、振り返り時・挨拶時の「4. 教師とハイタッチをする。」場面で指導者とやり取りし、笑顔でハイタッチをするなど気持ちよく終えられるようくふうしましょう。

2. 目的意識を明確にした活動

　自分がやりたい遊びに誘い合う活動は、今回の単元のゴールであり、子どもたちが楽しみにしていた活動です。そのため、子どもたちの中には、言ってみたい聞いてみたいという思いが高まります。

　そして、みんなで楽しみたい遊びに友だちを誘うためには、意欲的にコミュニケーションを図ることでしょう。その中で、自分や友だちの良さに気付く子もいるはずです。

　ぜひ、温かい雰囲気で、インタビューし合えるような場作りをくふうし、一番人気があった遊びは、休み時間に全員で行い、みんなで活動する楽しさを共有しましょう。

　友だちと英語を使って交流し合う楽しさを味わった子どもには、「英語って楽しい。」「英語大好き。」という感情が生まれるはずです。

● 評価の注意点

　展開の「2. 自分がやりたい遊びを表に書き込み、ペアになった相手を誘う。」場面を見て、積極的に遊びに誘っているか、クラス内の友だちと男女分け隔てなく英語を使って自分の思いを伝えているかを見取ります。

　活動の前には、自分の思い通りの答えにならなくても相手が嫌な思いをするような態度を取らないように指導しておくことが大切です。

第3章　"Let's Try! 2" 35時間の指導案　99

Unit3

I like Mondays. (第1時/3時間)
すきな曜日は何かな？

1 本時の目標と評価のポイント

(1)世界の同年代の子どもたちの生活を知るとともに、曜日の言い方や尋ね方を知る。
　　（知識・技能）

2 言語材料（表現）

What day is it? It's (Monday)? It's (Monday). Do you like (Monday)?

Yes, I do. / No, I don't. I like (Mondays).

3 指導案

時	子どもの活動	教師の活動	留意点（◎評価）
挨拶 (7分)	1. 挨拶をする。 Hello. Mr. (Ms.) Kawano. I'm (happy). How are you? • ペアで挨拶をする。	○笑顔で、大きな声で挨拶をする。 Hello, everyone. How are you? I'm (happy). • ペアでも挨拶をさせる。	• ジェスチャーを付けて挨拶をする。
導入 (8分)	1. めあてを読んで確認する。 **世界の子どもたちの生活について知ろう。**	○本時のめあてを確認する。 **世界の子どもたちの生活について知ろう。**	
展開 (20分)	1. 今日は何曜日？ • カレンダーを見て曜日の言い方を知る。 2. 映像を見て、気付いたことを話し合う。 3. チャンツを言う。 4. ミッシングゲームをする。	○曜日の言い方を導入する。 • カレンダーを使って、曜日の言い方を知らせる。 ○Let's Watch and Think 1 (p.11) を行う。 • 映像を見せ、気付いたことを発表させる。 ○Let's Chant（p.11）を行う。 • 2つの部分に分けて扱う。 ○ミッシングゲームをする。 • デモンストレーションによりルールを示す。 • 教師が出題した後、代表の子どもに出題させる。時間があれば、ペアやグループでさせる。	◎世界の子どもたちの生活について気付いている。
振返 (10分)	1. 振り返りカードを書く。 2. 授業の感想を述べる。 3. 歌を歌う。 4. 挨拶をする。 Thank you very much. Goodbye, Mr. (Ms.) 〜 . See you.	○振り返りカードを書かせる。 ○子どもを指名し感想を述べさせる。 ○Goodbye Song を歌わせる。 ○挨拶をする。 That's all for today. You did a great job! Goodbye, everyone. See you next time.	• 視点を示して書かせる。

授業を充実させるためのポイント

1.曜日の言い方

　子どもの生活と結び付けるためにカレンダーを活用して、曜日の言い方を導入しましょう。カレンダーには、曜日の表記が英語のものもあります。

　漢字で表記されたものと英語で表記されたものを提示することで、子どもに気付かせ、どのように話すのか子どもから引き出して導入するのもおもしろいです。

　カレンダーに絵カードを対応させたり、学校の週予定やテレビ番組などを対応させたりして、曜日のイメージと言い方を関連付けると、後の活動につながります。

2.Let's Watch and Think1　映像を見る

　世界の子どもたちの日々の過ごし方を映像で紹介します。映像で見た登場人物の様子と聞こえた音声をつなぎます。子ども全員で、聞こえた言葉について話し合います。前の活動で曜日の言い方を導入しているので、曜日名は必ず子どもから引き出します。

　また、前の単元ではたくさんの動作を表す表現が登場しています。それらの表現も思い出させ、子どもから引き出しましょう。

　絵カードがさりげなく壁面にあると助けになります。自分たちの力で何とか大体の意味が分かるようにすることで、子どもたちは聞くことへの関心を高め、さらに集中して聞こうとするはずです。

3.Let's Chant "What day is it ?"

　とても長いチャンツなので、子どもが難しいと感じないようなくふうが必要です。絵カードを持ちながら、曜日名を話すパートだけを何度も繰り返すのもいいでしょう。

　繰り返し聞いたり言ったりしているうちに、音が同じ（または似ている）部分があることを発見させていきます。

● 評価の注意点

　展開の「2．映像を見て、気付いたことを話し合う。」場面で、それぞれの国での言語や文化の違いはあるのですが、世界の子どもたちがしていることは日本の自分たちと同じ（似ている）ことに気付いているかを見取ります。

　誌面への書き込みだけでなく、話し合いを通しての子どもの発言に注目しましょう。

第3章　"Let's Try! 2" 35時間の指導案　　101

Unit3

I like Mondays. (第2時/3時間)
すきな曜日は何かな？

① 本時の目標と評価のポイント

(1)曜日の尋ね方や動作を表す表現に慣れ親しむ。（知識・技能）

② 言語材料（表現）

What day is it? It's (Monday)? It's (Monday). Do you like (Monday)?

Yes, I do. / No, I don't. I like (Monday).

③ 指導案

時	子どもの活動	教師の活動	留意点（◎評価）
挨拶 (5分)	1. 挨拶をする。 Hello. Mr. (Ms). Kawano. I'm (happy). How are you? ・ペアで挨拶をする。	○笑顔で、大きな声で挨拶をする。 Hello, everyone. How are you? I'm (happy). ・ペアでも挨拶をさせる。	・ジェスチャーを付けて挨拶をさせる。
導入 (5分)	1. めあてを読んで確認する。 **英語で一週間の予定を言ってみよう。**	○本時のめあてを確認する。 **英語で一週間の予定を言ってみよう。**	
展開 (25分)	1. チャンツを言う。 2. 1週間の予定について聞き、どの曜日の事なのか考える。 3. 曜日クイズをする。	○Let's Chant（p.11）What day is it? を行う。 ・前半を言わせた後、後半部分を聞かせて言わせる。 ○Let's Listen（p.12, 13）を行う。 ・一週間の予定を聞かせる。 ・誌面のイラストをヒントにする。 ・内容について尋ねる。 ○Let's Play（p.12, 13）を行う。 ・誌面に、自分の一週間の予定をイラストで記入させる。 ・デモンストレーションでやり取りを示す。 ・グループで協力して、答えさせる。 ・代表の子どもに出題させたり、ペアで出し合ったりさせる。	◎曜日の言い方や尋ね方に慣れ親しんでいる。
振返 (10分)	1. 振り返りカードを書く。 2. 授業の感想を述べる。 3. 歌を歌う。 4. 挨拶をする。 Thank you very much. Goodbye, Mr. (Ms.) 〜. See you.	○振り返りカードを書かせる。 ○子どもを指名し感想を述べさせる。 ○Goodbye Song を歌わせる。 ○挨拶をする。 That's all for today. You did a great job! Goodbye, everyone. See you next time.	・視点を示して書かせる。

授業を充実させるためのポイント

1.Let's Chant

　長いチャンツですが、前時から取り組んでいるので、子どもたちもそろそろ慣れてきているでしょう。映像の女の子役と男の子役に分かれて言ってみたり、Clapを入れたりして、楽しみながら何度も言うようにさせましょう。

2.Let's Listen

　まず、誌面の絵を見ながら、予定としてどんなことをすると思うか簡単に話し合います。そして、教師が、一週間の予定を8文で話すか、音声（QRコードによる）等で聞かせます。子どもは、この後にクイズがあることが分かると何度も聞きたくなるはずです。絵と結びつけながら聞かせましょう。じっくり聞く時間もとり、それから尋ね始めます。

　一間ごとにどのように質問したか子どもに尋ねたり、全員で質問文の表現を言ってみたりすると、次の活動に生かすことができます。テキストの問題は4問（4つの曜日）です。そのほかの3つの曜日をクイズにするなら、どのように言うかもクラス全員で考えてみましょう。

3.Let's Play　曜日クイズをしよう

　まずは、デモンストレーションで教師がクイズを作り、子どもにクイズを出します。ここでも、質問の表現を教師と一緒に言わせたり、動作の表現をジェスチャーだけにして（忘れたふりをして）子どもに言わせたりするなど、何度も言わせるようにしましょう。

　また、曜日クイズをするに当たり、子どもにもっと知りたいことはないかを問いかけてみることも大事です。子どもは、自分の一週間の動作を紹介したいので、英語でなんというのか知りたいはずです。知りたい動作をジェスチャーで表現させて、それをみんなで答えることを繰り返して、慣れ親しませていきます。

　子どもは、自分が表現したい動作の言い方を何度も使ってみることになります。ジェスチャーを用いると、言うことができないときの手助けになります。

● 評価の注意点

　展開の「3．曜日クイズをする。」場面を見て、曜日の言い方を何度も使ってやり取りをしているか、曜日の尋ね方を使ってたくさんの友だちにクイズを出しているかを見取っていきます。

　活動の様子の見取りとともに、振り返りカードでの記入を評価の参考にします。子どもには、記述の視点を示して書くようにさせましょう。

Unit3 I like Mondays.（第3時／3時間）
すきな曜日は何かな?

1 本時の目標と評価のポイント
(1)自分の好きな曜日について、友だちどうしで伝え合おうとする。（思考・判断・表現）
(2)相手に配慮しながら、自分の好きな曜日を伝え合おうとする。（学びに向かう態度）

2 言語材料（表現）
What day is it? It's (Monday)? It's (Monday). Do you like (Monday)?
Yes, I do. / No, I don't. I like (Monday).

3 指導案

時	子どもの活動	教師の活動	留意点（◎評価）
挨拶 (5分)	1. 挨拶をする。 Hello. Mr. (Ms). Kawano. I'm (happy). How are you? ・ペアで挨拶をする。 2. 教師の話を聞き、内容についての質問に答える。	○笑顔で、大きな声で挨拶をする。 Hello, everyone. How are you? I'm (happy). ・ペアでも挨拶をさせる。 ○自己紹介のスモールトークをし、内容について尋ねる。	・本時のモデルになるようにする。
導入 (3分)	1. めあてを読んで確認する。 **みんなが好きな曜日を英語で伝え合おう。**	○本時のめあてを確認する。 **みんなが好きな曜日を英語で伝え合おう。**	
展開 (25分)	1. チャンツを言う。 2. 映像を見て、分かったことを誌面に書く。 3. フェイントリピートゲームをする。 4. 自分と同じ曜日が好きな人を見つける。	○Let's Chant（p.11）What day is it? を行う。 ・チャンツを言わせる。 ○Let's Watch and Think 2（p.12）を行う。 ・誌面のイラストを十分に活用する。 ・会話に関連する質問をして、Activity（p.13）につなげるようにする。 ○動作を表す語を使って、フェイントリピートゲームをさせる。 ○Activity（p.13）を行う。 ・デモンストレーションによりルールを示す。 ・友だちはどうしてその曜日が好きと話したか、誌面に書き込ませる。	◎友だちにインタビューをし、好きな曜日を伝え合う。
振返 (12分)	1. 振り返りカードを書く。 2. 授業の感想を述べる。 3. 歌を歌う。 4. 挨拶をする。 Thank you very much. Goodbye, Mr. (Ms.)〜. See you.	○振り返りカードを書かせる。 ○子どもを指名し感想を述べさせる。 ○Goodbye Song を歌わせる。 ○挨拶をする。 That's all for today. You did a great job! Goodbye, everyone. See you next time.	・視点を示して書かせる。

授業を充実させるためのポイント

1.スモールトーク

曜日を織り交ぜながら、「好きなテレビ番組」等についてのスモールトークをします。

（例）Hello, everyone. I'm Kawano Fumika. How are you?（I'm happy.）
It's Friday, today. On Friday, I watch my favorite TV program. What TV program do you like?
I like ～ .

2.Let's Watch and Think 2

デジタル教材で、登場人物のやり取りの様子を視聴します。まとまりのある会話なので、誌面のイラストを手掛かりにさせましょう。

また、絵からどんな会話をしているのか想像させてから視聴すると、会話の内容を推測しやすいです。会話を弾ませる語がいくつか登場しますので、ぜひ、Activityで子どもに使わせましょう。

3.Activity　自分と同じ曜日が好きな人を見つけよう

自分と同じ曜日が好きな人を見つけるためのインタビュー活動を行わせます。デモンストレーションで、やり取りのモデルを示します。好きな曜日を伝えるだけではなく、必ず理由を話すようにさせます。

同じ曜日を好きな人が何人いるか調べようと提示し、活動の動機づけをするのですが、「友だちはどの曜日が好きと考えているのだろう。」「同じ曜日でも理由が違うだろうか。」「どんな理由なのだろう。」と友だちのことを知りたくなるようにしたいものです。

やり取りの後に子どもに結果を聞くときは、同じ曜日が好きと答えた人数だけでなく、やり取りの中で感じたことを発表させ、友だちについての新たな発見をすることができた体験をもとに交流させましょう。

● 評価の注意点

展開の「3．自分と同じ曜日が好きな人を見つける。」場面を見て、クラスの友だちに英語を使って尋ね、自分が伝えたいことをしっかり伝えようとしているかを見取っていきます。

クラスの多くの友だちとやり取りをしているかどうかも評価のポイントですが、インタビューでは、少ない人数でも、一人とのやり取りの回数が多く、相手の伝えたいことを知ろうとしている姿も見取りたいです。

そして、活動後の話し合いや振り返りの交流から、相手に伝えようとくふうしたことや相手のことを知った喜びや驚き等、クラスで共有して次の活動に生かしましょう。

第3章 "Let's Try! 2" 35時間の指導案

Unit4 What time is it? (第1時／4時間)
今、何時？

① 本時の目標と評価のポイント

(1)世界の国や地域によって時刻が異なることに気付くとともに、時刻や生活時間の言い方や尋ね方に慣れ親しむ。（知識・技能）

(2)自分の好きな時間について、尋ねたり答えたりして伝え合う。（思考・判断・表現）

② 言語材料（表現）

What time is it? It's (8:30). It's ("Homework Time"). How about you?

③ 指導案

時	子どもの活動	教師の活動	留意点（◎評価）
挨拶 （7分）	1. 挨拶をする。 Hello. Mr. Nakamura. I'm fine. How are you? 2. 教師のスモールトークを聞き、内容についての質問に答える。	○笑顔で、大きな声で挨拶をする。 Hello, everyone. How are you? I'm happy, thank you. ○自己紹介のスモールトークをする。 ・「先生が好きなのは何の時間でしたか。」	・分かりやすい語を使う。
導入 （15分）	1. ファイナルタスクについての説明を聞く。 2. めあてを読んで確認する。 **生活の言いかたに慣れよう。** 3. 日常の生活場面を想起する。 4. 映像を見て、教師の質問に対して答える。 5. チャンツを言う。	○ユニットのファイナルタスク「友だち調べ」について説明する。 ○本時のめあてを確認する。 **生活の言いかたに慣れよう。** ○日常のスケジュールについて尋ねる。 ・「みなさんはどんなことをして一日をすごしますか。」 ○Let's Watch and Think 1（p.14）を見せ、子どもに尋ねる。 ・「どんな言い方でしたか。」 ○Let's Chant（p.15）を行う。	・子どもが答えられない場合にはヒントを示す。 ◎生活場面の言い方を知る。
展開 （15分）	1. ポインティングゲームのセットアップに参加する。 2. ポインティングゲームを行う。	○ポインティングゲームをセットアップ（説明と演示）する。ALT、ボランティアの子ども等で、モデルを示す。 ・What time is it? It's 6 a.m. It's "Wake-up Time."	◎注意して聞き、聞こえた単語を指さして触る。
振返 （8分）	1. 振り返りカードを書く。 2. 授業の感想を述べる。 3. 挨拶をする。 Thank you very much. Goodbye, Mr. (Ms.) 〜. See you.	○振り返りカードを書かせる。 ○子どもを指名し感想を述べさせる。 ○挨拶をする。 That's all for today. You did a great job! Goodbye, everyone. See you next time.	

授業を充実させるためのポイント

1. スモールトーク

　今回のスモールトークはお気に入りの時間についてです。生活時間を学ぶためのステップとして、一日のうち最もリラックスできる晩酌をテーマにします。写真や絵をみせながら話すと理解を助けられます。

（例）Hello, everyone. Look at this picture. It's 7 p.m. It's "晩酌 time" ("evening drink time"). My wife and daughters pour me beer. I love the time.

2. スモールトークをできるだけ理解させるために

　子どもは英会話における聞き手としてはまだまだ未熟です。ただ話すだけでは（前時に扱ったフレーズですら）十分には理解してくれないことも多いでしょう。そのためにどうするかが大切です。

　言語のコミュニケーションを補助するものとしては非言語の手段があります。表情、ジェスチャーなどです。それらを付け加えることで子どもの理解度は飛躍的に上がります。どんどん試してみましょう。

3. ポインティングゲームを行う際の注意点

　新たな表現や語彙を身に付ける際、単元の前半では、注意深く聞いて反応するタイプのアクティビティが有効です。その代表がキーワードゲーム、スラップゲーム、そしてポインティングゲームと言えるでしょう。これらは子どもたちの食いつきもよく、非常に盛り上がります。

　しかし、その反面、ゲームに勝ちたい思いが先行し、ズルをした、しないなどの子ども同士のトラブルも起きやすいとも言えます。活動前にどんなルールがあり、許されることは何か、許されないことは何かをしっかりと確認しておくことが必要です。

　また、反射的に体を動かすゲームなので、ケガなどのないよう、スペースや使用物品に係る安全面の確保等についても怠らないようにしましょう。

● 評価の注意点

　導入の「5. チャンツを言う。」場面や展開の「2. ポインティングゲームを行う。」場面を見て、しっかりと表現に慣れ親しんでいるか、正確に聞いて反応しているかを見取っていきます。

　もちろん、クラス全員をこの時間で見取ることは困難なので、対象とする子どもを何人かに絞って、見ていく方法も考えられます。

Unit4 What time is it? (第2時/4時間)
今、何時？

1 本時の目標と評価のポイント

(1)世界の国や地域によって時刻が異なる（時差がある）ことに気付くとともに、時刻や生活時間の言い方や尋ね方に慣れ親しむ。（知識・技能）

(2)自分の好きな時間について、尋ねたり答えたりして伝え合う。（思考・判断・表現）

2 言語材料（表現）

What time is it? It's (8:30). It's (˝Homework Time˝). How about you?

3 指導案

時	子どもの活動	教師の活動	留意点（◎評価）
挨拶 (7分)	1. 挨拶をする。 Hello. Mr. Nakamura. I'm fine. How are you? 2. 教師のスモールトークを聞き、内容についての質問に答える。	○笑顔で、大きな声で挨拶をする。 Hello, everyone. How are you? I'm happy, thank you. ○スモールトークをする。 ・「先生はどんなミスをしたでしょうか。」	・分かりやすい語を使う。
導入 (15分)	1. ファイナルタスクについて想起する。 2. めあてを読んで確認する。 **時間の尋ね方と答え方に慣れよう。** 3. 生活時間の尋ね方と答え方について確認する。 What time is it? —It's (8:30). —It's (˝Homework Time˝). How about you?	○ユニットのファイナルタスク「友だち調べ」を確認する。 ○本時のめあてを確認する。 **時間の尋ね方と答え方に慣れよう。** ○尋ね方と答え方の確認をする。 Let's Chant (p.15) を聞かせて、言わせる。 ・「時間を聞いたり答えたりするにはどんな言い方があるでしょう。」	・子どもが答えられない場合には例を示す。
展開 (15分)	1. 登場人物の好きな時刻を聞き取る。 2. 時差について知る。 ・考えを出し合いデジタル教材のイラストを線でつなぎ、図をを完成させる。	○Let's Listen(p.16)を見せ子どもに尋ねる。 ・「登場人物の好きな時刻はいつでしょう。」 ○Let's Watch and Think 2 (p.16, 17)を見せ、子どもに尋ねる。 ・「東京が正午のとき、世界の都市は何時なのでしょう。」	◎注意して聞き、聞こえた単語を指さして触る。
振返 (8分)	1. 振り返りカードを書く。 2. 授業の感想を述べる。 3. 挨拶をする。 Thank you very much. Goodbye, Mr. (Ms.) ～ . See you.	○振り返りカードを書かせる。 ○子どもを指名し感想を述べさせる。 ○挨拶をする。 That's all for today. You did a great job! Goodbye, everyone. See you next time.	

授業を充実させるためのポイント

1.スモールトーク

　今回のスモールトークは時差にまつわる失敗談です。前時よりも文量を増やしながら子ど
もたちが時差の存在を気付けるよう話します。もちろん非言語での補助も欠かせません。

（例）Hello, everyone.Ten years ago, I and my wife went to Spain on our honeymoon.We
spent very happy time, but we had a big mistake! In the first morning in Spain, we saw
Sagrada Familia.We were so excited and called my family in Japan. I said, "Hi dad, I saw
Sagrada Familia". But he got very angry and said "What are you doing!? It's 3 a.m.". I was
very surprised and I said "Sorry dad, good night!".Then I hang up! It was a terrible mistake.

2.時差について

　この単元のねらいの一つである「世界には時差があることを知る」については、さまざま
な国との時差を確かめる際には３年生（**Let's Try! 1**）の**Unit 1**で使用したように、社会科で
使用する掛け軸型の世界地図を利用して、国の位置を再確認すると知識が教科横断的なもの
として定着させていきます。世界にはさまざまな国があって、その地域なりの時間を過ごし
て人々は生活しており、日本もその中の一つに過ぎないということを知ることが重要です。

3.カタカナでの表記について

　古来日本では、外国語（外来語）をカタカナに強引に変換して発音を覚える、という手法
が使われてきました。今回の言語教材（表現）の中でその手法に最も近く、最も有名であろ
うものはおそらく "What time is it (now)?" ではないでしょうか。これを「ホッタイモイジ
ル（ナ）」という形に変換して覚えさせるというものです。

　確かに語呂が良くて親しみやすい言い方かもしれませんが、そういった手法を多用したり、
ルビのように英文の上にふってしまったりすると、子どもはカタカナを読むクセがついて誤
った発音やイントネーションを身に付けてしまうことになります。あくまでも、何度も教師
（**ALT**含む）が話して聞かせながらいつの間にか正しい発音やイントネーションが身に付い
ている、という形を目指しましょう。

● 評価の注意点

　導入の「３．生活時間の尋ね方と答え方について確認する。」場面や展開の「１．登
場人物の好きな時刻を聞き取る。」場面を見て、表現に慣れ親しんでいるか、正確に聞
き取って応答しているかを見取っていきます。今回も学級の人数に応じて、対象とす
る子どもを何人かに絞って見ていくなどくふうするとよいでしょう。また、時差につ
いて考える場面では「自分たちも世界の一部にすぎない」というところまでの気付き
があると望ましいです。子どもの発言にうまく取り上げながら導いていきましょう。

第３章 "Let's Try! 2" 35 時間の指導案　　109

Unit4　What time is it?（第3時/4時間）
今、何時？

① 本時の目標と評価のポイント

(1)自分の好きな時間について、尋ねたり答えたりして伝え合う。（思考・判断・表現）

(2)相手に配慮しながら、自分の好きな時間について伝え合おうとする。（学びに向かう態度）

② 言語材料（表現）

What time is it? It's (8:30). It's ("Homework Time"). How about you?

③ 指導案

時	子どもの活動	教師の活動	留意点（◎評価）
挨拶 (7分)	1. 挨拶をする。 Hello. Mr. Nakamura. I'm fine. How are you? 2. 教師のスモールトークを聞き、内容についての質問に答える。	○笑顔で、大きな声で挨拶をする。 Hello, everyone. How are you? I'm happy, thank you. ○スモールトークをする。 ・「先生は誰になりきっていたでしょう。」 ・「先生は何時がお気に入りだったでしょう。」	・分かりやすい語を使う。
導入 (8分)	1. ファイナルタスクについて想起する。 2. めあてを読んで確認する。 **なりきりインタビュー大会をしよう。** 3. 生活時間の尋ね方と答え方について確認する。 What time is it? —It's (8:30). —It's ("Homework Time"). How about you?	○ユニットのファイナルタスク「友だち調べ」を確認する。 ○本時のめあてを確認する。 **なりきりインタビュー大会をしよう。** ○尋ね方と答え方の確認をする。Let's Chant（p.15）を聞かせて、言わせる。 ・「Conversation map（【授業を充実させるためのポイント】参照）を見ながら、好きな時間の聞き方を確かめましょう。」	・はっきりと伝えることを意識させ、うまく言えない場合はサポートする。
展開 (22分)	1. 聞き取りのモデルを見る。 2. 教師が準備した人物のプレートを首にかけ、お互いにお気に入りの時刻を聞き合う。	○担任とALT等（担任1人2役、担任と2人等）で、モデルを示す。 ・「先生方の好きな時刻はいつでしょう。」 ○聞き取る活動（Survey）をさせる。	・なりきる人物のプレートとその人物のお気に入りの時間の情報を準備しておく。 ◎アイコンタクトや「聞き方のマナー」に気を付けさせる。
振返 (8分)	1. 振り返りカードを書く。 2. 授業の感想を述べる。 3. 挨拶をする。 Thank you very much. Goodbye, Mr. (Ms.) 〜. See you.	○振り返りカードを書かせる。 ○子どもを指名し感想を述べさせる。 ○挨拶をする。 That's all for today. You did a great job! Goodbye, everyone. See you next time.	

授業を充実させるためのポイント

1. スモールトーク

　今回のスモールトークは後で行う活動（なりきりインタビュー大会）に向けて、別人になりきって自己紹介を行います。非言語での補佐を加えて伝えます。

（例）Hello, everyone. I am Dracula the vampire. Please ask me "What time is it?"

　　　It's 6 p.m. It's "Wake up and breakfast time" for me.

2. Conversation mapとは

　英語でのやり取りを子どもに定着させるためのツールとしてConversation mapがあります。これはやり取りにおける各表現をイラストなどで簡潔にイメージしやすく図にし、黒板などに掲示したものです。必要に応じて英文を小さめに添えても良いでしょう。これを指さして子どもに必要な表現を想起させながら実際の表現を言わせていきます。

　子どもに対話を行わせる際には、どうしても話し手のスキルに指導が偏重しがちですが、対話とは、話し手と聞き手の「双方向」のやり取りで成り立つものです。「しっかり伝えよう。」だけでなく「一所懸命聞いてあげよう。」という意識を子どもたちに持たせます。アイコンタクトやうなずき、"Really?" や "Sounds good!" などの相づちを入れると話し手の子どものモチベーションはぐっと上がります。そういった達成感のある活動を目指しましょう。

3. なるべく多くの人とコミュニケーションを図る体験を

　今回は子どもたちは次時のファイナルタスクに向け、他人になりきり、事前にその人物についての情報をもとにお互いに聞き取る活動（Survey）を行います。カードに名前を書いて首からぶら下げ、教室内を歩きながら何人とインタビューできるかな？という感じで行います。この際誰になりきらせるかは教師次第です。実在の人物、身近な学校職員、アニメのキャラクターでもよいでしょう。

　小さな「指令カード」のようなものを準備してそれを渡し、その際「君は青い猫型ロボット。お気に入りは3 p.m.どらやきタイムだよ！」とヒントをこっそり言ってあげたりすると子どものテンションは跳ね上がるでしょう。

　このUnitのファイナルタスクのような「友だちとのつながりを深める目的の聞き取り活動（Survey）」の前段階としては、教師の好きな時刻を聞き取る活動（Survey）を行う、という手法もあります。

● 評価の注意点

　活動の「2. 教師が準備した人物のプレートを首にかけ、お互いにお気に入りの時刻を聞き合う。」では、表現を正しく使ってやり取りができているか、やり取りはインタラクティブ（双方向）なものかを見取っていきます。今回もALTと分担をして見取ったり、クラスの人数に応じて、対象とする子どもを何人かに絞って見ていくなどくふうがあるとよいでしょう。

Unit4

What time is it? (第4時/4時間)
今、何時?

1 本時の目標と評価のポイント
(1)自分の好きな時間について、尋ねたり答えたりして伝え合う。(思考・判断・表現)
(2)相手に配慮しながら、自分の好きな時間について伝え合おうとする。(学びに向かう態度)

2 言語材料（表現）
What time is it? It's (8:30). It's ("Homework Time"). How about you?

3 指導案

時	子どもの活動	教師の活動	留意点（◎評価）
挨拶 (5分)	1. 挨拶をする。 Hello. Mr. Nakamura. I'm fine. How are you? 2. 教師のスモールトークを聞き、内容についての質問に答える。	○笑顔で、大きな声で挨拶をする。 Hello, everyone. How are you? I'm happy, thank you. ○スモールトークをする。 • 「先生はどうして鬼塚君と仲良くなれたのでしょう。」	• 分かりやすい語を使う。
導入 (7分)	1. めあてを読んで確認する。 **友だち調べをしよう。** 2. 生活時間の尋ね方と答え方について確認する。 What time is it? —It's (8:30). —It's ("Homework Time"). How about you?	○本時のめあてを確認する。 **友だち調べをしよう。** ○尋ね方と答え方の確認をする。Let's Chant (p.15) を聞かせて、言わせる。 • 「Conversation mapを見ながら、好きな時間の聞き方を確かめましょう。」	• はっきりと伝えることを意識させ、うまく言えない場合はサポートする。
展開 (25分)	1. 聞き取りのモデルを見る。 2. 友だちとお互いにインタビューを行い、互いの好きな時刻やその理由についてカードにまとめる。	○担任と ALT等（担任1人2役、担任とボランティアの子ども等）で、モデルを示す。 • 「先生は何の時刻（時間）が好きなのでしょう。」 ○聞き取る活動（Survey）をさせる。 • 「友だちはどんな時刻が好きなのでしょう。」 • 「自分と比べて考えてみましょう。」 • 「何人とできるでしょう。」	◎アイコンタクトや「聞き方のマナー」に気を付けさせる。
振返 (8分)	1. 振り返りカードを書く。 2. 授業の感想を述べる。 3. 挨拶をする。 Thank you very much. Goodbye, Mr. (Ms.) 〜 . See you.	○振り返りカードを書かせる。 ○子どもを指名し感想を述べさせる。 ○挨拶をする。 That's all for today. You did a great job! Goodbye, everyone. See you next time.	

授業を充実させるためのポイント

1.スモールトーク

　今回のスモールトークは次時のファイナルタスク達成に向け「人は見かけによらない、話してみると意外な一面がある」という内容です。非言語での補佐を加えて伝えます。
（例）Hello, everyone. Ten years ago, when I was a 5th grader, there was "Onizuka-kun" in my class. He is my new classmate. He was very tall and he always looked unhappy. So I was afraid of him. But one day, I saw his key ring and it was with "Gundam." I asked him "Hey, Onizuka-kun, do you like Gundam?" and he answered "Yes!" with smile! I said "Me too!" Then we became good friends!

2.英語でのやり取りだからこそ

　ここでのインタビュー活動の狙いは、子ども相互の「つながりを新たに構築していくこと」です。男女、仲の良し悪しにかかわらず友だちとたくさんやり取りをさせる中で、子どもは今までは見つからなかった友だちとの「意外な共通点」に気付き、それによって友だちとのつながりを新たに深めていくことができます。ここまで３年間と数か月、同じ学校で同級生でいながら、友だち同士で今さら「１日のうちでいつが一番好き？」といった質問が交わされることはまれでしょう。しかし外国語というフィルターを通すやり取りによって「今さら聞くことのないお互いの（喜ばしい）共通項」が明らかになっていきます。それはきっと学級経営においてもプラス要因として働いていくことでしょう。

3.軽重をつけ、授業のスピードをコントロールし、活動時間を確保する

　本時の活動は単元におけるファイナルタスク、つまり、ねらいとなる、必要性を持った活動にです。十分な時間と活動量を確保して子どもにたくさん「生きたコミュニケーション」の経験を積ませたい、となれば、そのために前半部分はある程度「走る」という意識も必要になります。例えば、はじめの教師との挨拶を一人一人行うのではなく、教師対クラス全員の形態にして、軽いあいさつ程度で済ます、など時間確保のためのさまざまなくふうを考えていかなければなりません。すべての活動を型通りに行うのではなく、そのときの状況に応じて授業展開をコントロールしていきましょう。

● 評価の注意点

　活動の「２．友だちとお互いにインタビューを行い、互いの好きな時刻やその理由についてカードにまとめる。」場面では、表現を正しく使ってやり取りができているか、やり取りはインタラクティブ（双方向）なものかを見取る他に、振り返りカード等にそのやり取りで感じたことをしっかりと記録させ、それについての思いも見取るようにくふうをしていきます。ファイナルタスクとなる活動ですので複数の教師による見取りがあっても良いでしょう。

Unit5 Do you have a pen? (第1時/4時間)
おすすめの文房具セットをつくろう

1 本時の目標と評価のポイント

(1)身の回りの物について、英語の音声やリズムなどの日本語との違いに気付く。（知識・技能）

(2)文房具など学校で使う物の言い方に慣れ親しむ。（知識・技能）

2 言語材料（表現）

Do you have (a pen)? Yes, I do. / No, I don't. I [have / don't have] (a pen). This is for you.

3 指導案

時	子どもの活動	教師の活動	留意点（◎評価）
挨拶 (7分)	1. 挨拶をする。 Hello. Mr. (Ms.) Kawano. I'm good. How are you? 2. ペアで挨拶をする。 3. スモールトークを聞き、内容についての質問に答える。	○笑顔で、大きな声で挨拶をする。 Hello, everyone. How are you? I'm hot, thank you. ○ペアで挨拶をさせる。 ○スモールトークをする。 ・「先生は何人兄弟と言っていましたか。」	・分かりやすい語を使う。
導入 (3分)	1. めあてを読んで確認する。 **色々な文房具を英語で言ってみよう。**	○本時のめあてを確認する。 **色々な文房具を英語で言ってみよう。**	
展開 (27分)	1. 文房具の種類を発表する。 2. 何がいくつあるか考える。 3. ポインティングゲームをする。 4. I spy ゲームをする。 5. 誰の筆箱か考え、（　）空欄に名前を書く。	○テキスト誌面（p.18, 19）を見させて、何があるか尋ねる。 ・「どんな文房具が置いてありますか。」 ○Let's Watch and Think 1 (p.18, 19)の映像を見せ、文房具を英語で言ったり、数えたりさせる。 ・「何がいくつあるか考えよう。」 ○テキスト誌面（p.18, 19）を使いポインティングゲームを行う。 ○Let's play 1 (p.18, 19)を見せ、教師が誌面や身の回りの物についてヒントを出し、それが何か答えさせる。 ・I see something blue.（先生が見ているものは青いもの） ○Let's Listen (p.20)を聞かせ、誰の筆箱か尋ねる。 ・「1番は誰の筆箱ですか。」	・はじめに予想させる。 ◎音声やリズムなど日本語との違いに気付く。 ◎学校で使う物の言い方に慣れ親しむ。
振返 (8分)	1. 振り返りカードを書く。 2. 授業の感想を述べる。 3. 挨拶をする。 Thank you very much. Goodbye, Mr. (Ms.) 〜 . See you.	○振り返りカードを書かせる。 ○子どもを指名し感想を述べさせる。 ○挨拶をする。 That's all for today. You did a great job! Goodbye, everyone. See you next time.	

授業を充実させるためのポイント

1.スモールトーク

　子どもたち一人一人の耳に聞き取れた英語が入ってくる瞬間には差異があります。教師は自分の話す英語を全部聞かせようとするのではなく、どこか一つでも聞き取れればいいと思うくらいの気持ちで伝えましょう。

　子どもの未習の英語を使う場合は、ジェスチャー等で補い、足場かけをして意味を補ってあげることも有効な手段です。

　Hello, everyone! How many brothers and sisters do you have? I have one sister and two brothers. My sister likes swimming. My big brother likes soccer. My little brother likes basketball. I love my sister and brothers.

2.ポインティングゲーム

　はじめは、教師が言った文房具を早く指さし競わせます。2～3回行ったら、指残しポインティングゲームを行います。指が残っている状態なので、どの子どもも得点を増やすチャンスが生まれることで意欲が高まります。

3.文房具を題材としている意図

　子どもたちの身の回りの物として、誰もが持っている共通の話題にできるものの一つとして、「文房具」があります。

　日頃から自分の持っている物と友だちの物とを比べたり、同じ物をそろえて持ったりなど、学校生活の中でも、興味関心の高いトピックとなります。

　実際に使っている文房具を英語でどう言うのかを知ることで英語がより身近なものとして感じられるでしょう。

● 評価の注意点

　展開の「2．何がいくつあるか考える。」場面の中で、calendar や stapler、sharpener 等の日本語と発音や表現が違っているものに気付いているかを、授業中のつぶやきや、振り返りカードから見取ることができます。

　展開の「3．ポインティングゲームをする。」場面では、担任や ALT の話を注意深く聞いているかを見取りましょう。ALT が指示する場合は、担任が子どもたちをチェックします。

　できたかどうかを見取るだけでなく、誰がどの場面でつまずいているのかを見取り、次への指導に生かすことも大切です。

第3章 "Let's Try! 2" 35時間の指導案　115

Unit 5 Do you have a pen? (第2時/4時間)
おすすめの文房具セットをつくろう

① 本時の目標と評価のポイント
(1)文房具など学校で使う物の言い方に慣れ親しむ。（知識・技能）
(2)持ち物を尋ねたり答えたりする表現に慣れ親しむ。（知識・技能）

② 言語材料（表現）
Do you have (a pen)? Yes, I do. / No, I don't. I [have / don't have] (a pen). This is for you.

③ 指導案

時	子どもの活動	教師の活動	留意点（◎評価）
挨拶 (7分)	1. 挨拶をする。 Hello. Mr. (Ms.) Kawano. I'm good. How are you? 2. 名前を変えて挨拶をする。 3. スモールトークを聞き、内容についての質問に答える。	○笑顔で、大きな声で挨拶をする。 Hello, everyone. How are you? I'm hot, thank you. ○名前を変えて挨拶をさせる。 ○スモールトークをする。 ・「先生の筆箱にはどんな文房具が入っていると言っていましたか。」	・分かりやすい語を使う。
導入 (5分)	1. めあてを読んで確認する。 **文房具ビンゴゲームをしよう。** 2. チャンツを言う。	○本時のめあてを確認する。 **文房具ビンゴゲームをしよう。** ○Let's Chant（p.19）を聞かせて、言わせる。	
展開 (25分)	1. ミッシングゲームをする。 2. 文房具ビンゴゲームをする。	○文房具の絵カードを最初はすべて提示し、その後一つ隠し、何がなくなったかを尋ねる。 ○3×3マスのシートに好きな文房具の絵カードを置いて、ビンゴゲームをさせる。 ・教師が言う文房具を聞いてそれがあればカードを裏返す。一列裏返ったらビンゴとなる。 ・2回戦目は、担任又はALTに子どもが順番にDo you have a～? と尋ね、Yes, I do. と答えたカードを裏返す。	◎持ち物を尋ねたり答えたりする表現に慣れ親しむ。
振返 (8分)	1. 振り返りカードを書く。 2. 授業の感想を述べる。 3. 挨拶をする。 Thank you very much. Goodbye, Mr. (Ms.)～. See you.	○振り返りカードを書かせる。 ○子どもを指名し感想を述べさせる。 ○挨拶をする。 That's all for today. You did a great job! Goodbye, everyone. See you next time.	

授業を充実させるためのポイント

1. 挨拶

今回は、自分の名前を好きな動物や食べ物に置き換えて挨拶をしてみましょう。

A: Hello! My name is Lion Potato. What's your name?
B: Hello! My Name is Cat Melon. Good luck!

名字（Last name）を動物、名前（First name）を食べ物等、または子どもの興味に応じて食べ物だけでなど、変化させてやってみてもいいでしょう。

2. スモールトーク

前時に学習した単語を想起させることをねらって行います。教師の持ち物に対して興味をもたせ、子どもたちには違いに目を向けさせましょう。

This is my pencil case. Do you want to see what is inside? I have two pencils, one eraser, one red pen and 3 rulers in this pencil case.

3. ミッシングゲーム

はじめに、教師がモデルを示します。説明はなるべく英語で行いましょう。例えば、Close your eyes. / Open your eyes. / What's missing! といった簡単なクラスルーム・イングリッシュを使うことができます。

クラスの実態に応じて、全体で行った後にグループで行うこともできます。

● 評価の注意点

展開の「4．文房具ビンゴゲーム」では、チャンツで使ったリズムを生かして、子どもたちに問いかけましょう。ゲームを楽しむだけでなく、意味をしっかり理解しているかを見取ります。

ルールを徹底させるためにも、ゲームのはじめに教師とALTとでモデルを示すことが必要となります。ここでは、教師の指示した英語が聞き取れているか、Yes, I do. / No, I don't. で答えられているかを見取ります。

第3章 "Let's Try! 2" 35時間の指導案　117

Unit5 Do you have a pen? (第3時/4時間)
おすすめの文房具セットをつくろう

1 本時の目標と評価のポイント

(1)持ち物を尋ねたり答えたりする表現に慣れ親しむ。（知識・技能）

(2)文房具など学校で使う物について、尋ねたり答えたりして伝え合う。（思考・判断・表現）

2 言語材料（表現）

Do you have (a pen)? Yes, I do. / No, I don't. I [have / don't have] (a pen). This is for you.

3 指導案

時	子どもの活動	教師の活動	留意点（◎評価）
挨拶 (7分)	1. 挨拶をする。 Hello. Mr. (Ms.) Kawano. I'm good. How are you? 2. クラスで名前を変えて挨拶をする。 3. スモールトークを聞き、内容についての質問に答える。	○笑顔で、大きな声で挨拶をする。 Hello, everyone. How are you? I'm hot, thank you. ○クラスで名前を変えて挨拶をする。 ○スモールトークをする。 ・「先生は、どんな消しゴムの話をしましたか。」	・分かりやすい語を使う。
導入 (15分)	1. めあてを読んで確認する。 **文房具セットをつくって紹介しよう。** 2. チャンツを言う。	○本時のめあてを確認する。 **文房具セットをつくって紹介しよう。** ○Let's Chant（p.19）を聞かせて、言わせる。	
展開 (15分)	1. 映像を見て、気付いたことを書く。 2. 相手が言った通りに文房具を並べる。	○Let's Watch and Think 2（p.20）を開く。映像を見て、世界の子どもたちのかばんの中身について気付いたことを箱の中に書く。 ○Let's Play 2（p.21）を行い、ペアで文房具セットをつくらせる。 ・ペア（AとBを決める）になる。 ・Aはどんな文房具セットにしたいかを考え、テキスト誌面に文房具の絵カードを置く（Bには見せない。）。 ・AはBに、セットの文房具を伝え、Bはその通りに誌面にカードを置く。 ・置き終わったら見せ合い、同じ文房具の並びになったか確認する。	◎文房具など学校で使う物について、尋ねたり答えたりして伝え合う。
振返 (8分)	1. 振り返りカードを書く。 2. 授業の感想を述べる。 3. 挨拶をする。 Thank you very much. Goodbye, Mr. (Ms.) 〜. See you.	○振り返りカードを書かせる。 ○子どもを指名し感想を述べさせる。 ○挨拶をする。 That's all for today. You did a great job! Goodbye, everyone. See you next time.	

授業を充実させるためのポイント

1. スモールトーク

　子どもたちの身の回りには、たくさんの種類の消しゴムがあります。キャラクターの形をしたものや、匂いが付いたもの、形の変わる練り消し等。子どもたちが興味を持つように教師の知っているユニークな文房具を紹介してみましょう。聞こうとする意欲が高まります。

　When I was a child, I had many kinds of erasers. Anime character's shape, with sweet smells and *nerikeshi*......

2. 映像を見て、気付いたことを書く　Let's Watch and Think 2

　国旗の絵カードと映像についてのピクチャーカードを数枚用意しておくと子どもたちは、想起しやすいです。

　スウェーデンと韓国、アメリカの国旗の隣にそれぞれの国の子どものカバンの中身の写真を掲示することで、違いに気が付いたり、最後に振り返りカードに記入したり、次回の学習の想起に使用したりすることもできます。

3. 相手意識と目的意識のある活動にする

　本単元の最後（次時）に、お店屋さんごっこの要領でやり取りして、誰かのための文房具セットをつくる活動が設定されています。

　誰かの好みや持ち物などを考え、その人のために文房具セットをつくるという相手意識と目的意識のある場面設定にするためにも、本時の展開2の伝え合いにおいても相手意識を大切にさせたいものです。

● 評価の注意点

　思考・判断・表現の評価で気を付けるポイントを、「自分の考えの大切なところは強くはっきり発音することを考えることや、気持ちを表すには気持ちを込めた言い方にもくふうをすることが必要である」としています。

　展開2の文房具を並べる活動でも、相手に配慮しながら伝えているかどうか、分からないところは質問しているかを見取ります。

Unit 5 Do you have a pen? (第4時/4時間)
おすすめの文房具セットをつくろう

1 本時の目標と評価のポイント

(1)文房具など学校で使う物について、尋ねたり答えたりして伝え合う。（思考・判断・表現）

(2)相手に配慮しながら、文房具など学校で使う物について伝え合おうとする。（学びに向かう態度）

2 言語材料（表現）

Do you have (a pen)? Yes, I do. / No, I don't. I [have / don't have] (a pen). This is for you.

3 指導案

時	子どもの活動	教師の活動	留意点（◎評価）
挨拶 (7分)	1. 挨拶をする。 Hello. Mr. (Ms.) Kawano. I'm good. How are you? 2. ショートゲームをする。 3. スモールトークを聞き、内容についての質問に答える。	○笑顔で、大きな声で挨拶をする。 Hello, everyone. How are you? I'm hot, thank you. ○ショートゲームをさせる。 ○スモールトークをする。 • 「先生のカバンの中には、何が入っているでしょう。」	• 分かりやすい語を使う。
導入 (5分)	1. めあてを読んで確認する。 **おすすめの文房具セットをつくろう。** 2. チャンツを言う。	○本時のめあてを確認する。 **おすすめの文房具セットをつくろう。** ○Let's Chant（p.19）を聞かせて、言わせる。	
展開 (25分)	1. チェーンゲームを行う。 2. 身近な人のために文房具セットをつくり、誰のためにつくったかを紹介する。	○グループごとに一列になり、チェーンゲームを行わせる。 ○お店屋さんごっこをして文房具セットをつくる。 • 贈る相手の好みや今の持ち物などを考え、その人のために文房具セットをつくる。 • つくった文房具セットをその理由とともに紹介する。	◎相手に配慮しながら、文房具など学校で使う物について伝え合おうとする。
振返 (8分)	1. 振り返りカードを書く。 2. 授業の感想を述べる。 3. 挨拶をする。 Thank you very much. Goodbye, Mr. (Ms.) ～ . See you.	○振り返りカードを書かせる。 ○子どもを指名し感想を述べさせる。 ○挨拶をする。 That's all for today. You did a great job! Goodbye, everyone. See you next time.	

授業を充実させるためのポイント

1. ショートゲーム

　ペアを組み、互いに相手に見られないように筆箱の中から1つだけ文房具を取り出します。じゃんけんをして勝った人は、相手に Do you have a 〜? と質問をします。

　相手が言ったものを持っていたら、Yes, I do. / 持っていなかったなら、No, I don't. と答えます。持っているものを当てられたほうが勝ちとなります。短い時間でできるゲームなので、復習にもなり何度も楽しむことができます。

2. スモールトーク

　前時の世界の子どものカバンの中身を想起する学習を経て、次は教師のカバンの中身について考えさせます。できるだけ映像と同じ表現を使います。

　Hi! This is my bag. What's inside? In my bag, I have a pencil case. I have 3 notebooks. I have a digital camera. I have a water bottle.

　聞き取れているかどうか確かめてから中身を確認するとよいでしう。

3. チェーンゲーム

　黒板に絵カード9枚（2時間目のビンゴで使ったもの）を貼ります。グループ3〜5人で一列に並びます。最前列の子どもを呼び、絵カード（小）を見せます（他の子どもには見せないようにします）。最前列の子どもが列に戻り、2番目の子どもは、最前列の子どもに何を持っているか Do you have a 〜? の表現を使って質問します。

　正解になるまで質問を繰り返します。3番目の子どもは同様に2番目の子どもに質問をし、一番早く列の最後の子どもまで伝わったグループが勝ちとなります。

● 評価の注意点

　学びに向かう態度の評価のポイントは、「相手への配慮」と「主体的に学習に取り組む態度」と考えられます。

　「相手への配慮」は子どもたち一人一人の活動に見られた思いやりの気持ち。「主体的に学習に取り組む態度」は①自分の思考を積極的に形成したり深めようとしたりする力と②主体的な学習に取り組む態度を含めた学びに向かう力。とし、これらについて評価します。

　本時では、「工作が大好きな○○さんのために、ハサミ・のり・マーカーを入れた文房具セットにしました。」のように贈る相手の好みや現在の持ち物を考えて活動しているかどうかを見取りましょう。

第3章　"Let's Try! 2" 35時間の指導案　121

Unit6

Alphabet（第1時/4時間）
アルファベットで文字遊びをしよう

1 本時の目標と評価のポイント

(1)身の回りには活字体の文字で表されているものがあることに気付き、活字体の小文字とその読み方に慣れ親しむ。（知識・技能）

2 言語材料（表現）

Look. What's this? Hint, please. How many letters?   I have (six).

Do you have (a small "b")? Yes, I do. /No, I don't. That's right. Sorry. Try again.

3 指導案

時	子どもの活動	教師の活動	留意点（◎評価）
挨拶 (7分)	1. 挨拶をする。 2. スモールトークを聞き、内容についての質問に答える。	○笑顔で、大きな声で挨拶をする。 ○スモールトークをする。 ・「先生は何が好きと言いましたか。」 ・「何のアルファベットが聞こえましたか。」	・本時につながる内容を扱う。
導入 (5分)	1. めあてを読んで確認する。 **アルファベットの小文字探しをしよう。** 2. ABC Song を歌う。 ・映像を見ながら歌う。 ・誌面の文字を指さしながら歌う。	○本時のめあてを確認する。 **アルファベットの小文字探しをしよう** ○ABC Song を歌わせる。 ・映像やテキスト誌面を見せ、文字の読み方を意識させる。	
展開 (25分)	1. ポインティングゲームをする。 2. Let's Play 1 (p.22, 23) を行う。 3. キーワードゲームをする。 4. Let's Watch and Think (p.22, 23) を行う。 5. ランチメニューを作ることを知る。	○単語をランダムに発音し、復唱しながら誌面の文字に指をささせる。 ○誌面にある町のイラストからアルファベットの小文字を探して発表させる。 ○キーワードの単語を教師又はALTが発音したら、消しゴムを取らせる。 ○身の回りにある看板や標示を見て、アルファベットの大文字や小文字が多く使われていることに気付かせる。 ○単元の終わりにランチメニューを作ることを知らせる。	◎小文字を見つけたり、読んだりする。 ◎アルファベットを発音する。
振返 (8分)	1. 振り返りカードを書く。 2. 授業の感想を述べる。 3. 挨拶をする。 Thank you very much. Goodbye, Mr. (Ms.) ～. See you.	○振り返りカードを書かせる。 ○感想を述べさせる。 ○挨拶をする。 That's all for today. You did a great job! Goodbye, everyone. See you next time.	

授業を充実させるためのポイント

1. スモールトーク

　身の回りにはアルファベットで表されるものがたくさんあることに気付かせるような内容にします。

　Hello.　My name is Sakura.　"S·A·K·U·R·A, Sakura."　I like to watch news.　So I often watch NHK news program.

2. ABC Song

　子どもはLet's Try! 1でABC Songを何度も歌っているので、すぐに歌えると思います。映像を見ながら歌ったり、文字を指さしながら歌ったりし、小文字に意識が向くようにします。ABC Songは、子どもがアルファベットの順番を覚える際に、役立ちます。

　第3時のゲームでもABC Songを活用しますので、第1時と第2時では何も見なくても口ずさめるようにさせたいものです。

3. Let's Play 1 and 2

　Let's Play 1では、テキスト誌面にある架空の町のさまざまな看板や標示からアルファベットの小文字を探します。授業では、小文字に丸をつけさせるのに、デジタル教材で印をつけさせたり、誌面を拡大したものを黒板に貼って印をつけさせたりして発表させます。

　Let's Play 2では、子どもはまだ文字と音が一致していないこと、誌面に物を置くと文字が見えなくなることから、テキストの標題のおはじきゲームはせず、キーワードゲームを行います。子どもの実態に合わせて内容を構成しましょう。

● 評価の注意点

　展開2や3から、小文字を意欲的に探したり、声に出して読んだりしているかを見取ります。展開5から大文字や小文字が使われていることに目を向けた子どもも賞賛しましょう。

第3章　"Let's Try! 2" 35時間の指導案　123

Unit6

Alphabet（第2時/4時間）
アルファベットで文字遊びをしよう

1 本時の目標と評価のポイント

(1)身の回りには活字体の文字で表されているものがあることに気付き、活字体の小文字とその読み方に慣れ親しむ。（知識・技能）

(2)身の回りにあるアルファベットの文字クイズを出したり答えたりする。（思考・判断・表現）

2 言語材料（表現）

Look. What's this? Hint, please. How many letters? I have (six).

Do you have (a small "b")? Yes, I do. /No, I don't. That's right. Sorry. Try again.

3 指導案

時	子どもの活動	教師の活動	留意点（◎評価）
挨拶 (7分)	1. 挨拶をする。 2. スモールトークを聞き、内容についての質問に答える。	○笑顔で、大きな声で挨拶をする。 ○スモールトークをする。 • 「先生はどこへ行きましたか。」	• 本時につながる単語を使う。
導入 (5分)	1. めあてを読んで確認する。 **大文字や小文字に親しもう。** 2. ABC Song を歌う。 • 映像を見ながら歌う。 • 誌面の文字を指さしながら歌う。	○本時のめあてを確認する。 **大文字や小文字に親しもう。** ○ABC Song を歌わせる。 • 映像やテキスト誌面を見せ、文字の読み方を意識させる。	
展開 (25分)	1. 神経衰弱カードゲームをする。 • 班ごとに行う。 2. Let's Listen（p.24）を行う。 3. Activity 1（p.25）を行う。 • Do you have 〜?の発音の仕方を復習する。 • はじめは教師にDo you have 〜?の表現で質問をし、答えをあてる。その後、ペアで活動する。	○ルールの説明をする。 • 黒板に大文字と小文字をマッチさせた掲示をする。 ○音声を聞かせ、どの看板や標示かを考え、番号を書かせる。 ○Do you have 〜?の発音の仕方や意味を復習させる。 ○デモンストレーションを通して、ルールを理解させる。 ○ペアで活動させる。	◎大文字と小文字をマッチングさせる。 • アルファベットをよく聞く。 ◎アルファベットを発音したり聞いたりする。
振返 (8分)	1. 振り返りカードを書く。 2. 授業の感想を述べる。 3. 挨拶をする。 Thank you very much. Goodbye, Mr. (Ms.) 〜. See you.	○振り返りカードを書かせる。 ○感想を述べさせる。 ○挨拶をする。 That's all for today. You did a great job! Goodbye, everyone. See you next time.	

授業を充実させるためのポイント

1. スモールトーク

　第2時からは少しずつ語彙を増やしていきます。夏休みに行った場所などを紹介しながらアルファベットを取り扱います。"USJ" や "TDL" など子どもたちにも親しみのある場所を想定するとよいでしょう。

Hi. I went to Osaka during summer vacation. In Osaka, where did you go? I went to USJ. At USJ, I enjoyed Harry Potter attractions.

2. 神経衰弱カードゲーム

　まず、シンプルな英語とジェスチャーを使ってルール説明をします。もともと知っているゲームのルールなので、子どもも理解しやすいはずです。神経衰弱カードゲームでは、大文字と小文字をマッチングさせるようにします。子どもにとってはとても難しいので、教師は黒板に大文字と小文字の組み合わせが視覚的に理解できるような掲示をし、活動の補助をします。

　教師側でカードを作成する場合には、大文字と小文字の紙の色を変えると良いです。子ども用カードを使用する場合には、Aさんの大文字のカード、Bさんの小文字のカードというようにし、さらに大文字と小文字のカードの置く位置を分けておくと活動しやすくなります。カードをめくったらカードに書かれている文字を読むように指示します。

　カードがすべてなくなるまでやろうとすると時間がかかるので、時間を制限したり、文字数を限定したりすると良いでしょう。

3. Activity 1

　Unit 5 で Do you have ～? の表現を用いて活動していますので、無理なく活動を進めることができるでしょう。ALTがいる場合にはデモンストレーションをし、学級担任単独の場合には代表の子どもとの見本となるやり取りを通してルールを理解させます。

　子どもに繰り返し英語を聞かせることで、子ども自身が考えて理解することができるようになります。

● 評価の注意点

　展開1や2ではアルファベットを発音したり、よく聞いたりしているかを見取ります。また、展開3では友だちと既習事項を使用しながら意欲的に活動しているかを評価します。

第3章　"Let's Try! 2" 35時間の指導案　125

Unit6 Alphabet （第3時／4時間）
アルファベットで文字遊びをしよう

1 本時の目標と評価のポイント
(1)身の回りにあるアルファベットの文字クイズを出したり答えたりする。（思考・判断・表現）
(2)相手に配慮しながら、アルファベットの文字について伝え合おうとする。（学びに向かう態度）

2 言語材料（表現）
Look. What's this? Hint, please. How many letters?   I have (six).
Do you have (a small "b")? Yes, I do. /No, I don't. That's right. Sorry. Try again.

3 指導案

時	子どもの活動	教師の活動	留意点（◎評価）
挨拶 (7分)	1. 挨拶をする。 2. スモールトークを聞き、内容についての質問に答える。	○笑顔で、大きな声で挨拶をする。 ○スモールトークをする。 ・「先生は何が好きと言いましたか。」	・本時につながる内容を扱う。
導入 (5分)	1. めあてを読んで確認する。 **大文字や小文字に親しもう。** 2. チャンツを言う。	○本時のめあてを確認する。 **大文字や小文字に親しもう。** ○Let's Chant（p.23）を聞かせて、言わせる。	
展開 (25分)	1. カード並べをする。 ・班ごとに歌うチームとカードを並べるチームに分かれる。 ・はじめは大文字だけ、次に小文字だけ、最後はどちらも混ぜて行う。 2. Activity 2（p.25）を行う。 ・デモンストレーションからルールを理解する。 ・ペアでクイズを出し合う。 3. 単語の言い方を知る。 4. ランチメニューづくりの仕方を知る。 ・デモンストレーションを見て、個人で練習をし、その後、ペアでやり取りの仕方を確認する。	○ルールの説明をする。 ・黒板に大文字と小文字の組み合わせが分かる掲示をする。 ○デモンストレーションを通して、ルールを理解させる。 ○デモンストレーションを行い、ルールの説明をする。 ○ペアで活動させる。 ○第4時で使用する単語の言い方を確認する。 ○やり取りの順番を示したプリントを配付する。 ・デモンストレーションを見せる。 ・はじめに個人で練習し、その後ペアで活動させる。	◎大文字と小文字をマッチングさせる。 ◎アルファベットを発音したり聞いたりする。
振返 (8分)	1. 振り返りカードを書く。 2. 授業の感想を述べる。 3. 挨拶をする。 Thank you very much. Goodbye, Mr. (Ms.) ～. See you.	○振り返りカードを書かせる。 ○感想を述べさせる。 ○挨拶をする。 That's all for today. You did a great job! Goodbye, everyone. See you next time.	

授業を充実させるためのポイント

1. スモールトーク

話の口に質問を増やし、子どもとのやり取りを教師も楽しみながら行います。

Hello I like listening to music. I like J-POP. I like Amuro Namie. I have heard her music since a elementary schoolchild. What kind of songs do you listen to? What's your favorite song?

2. カード並べ

ルールは簡単、バラバラに置かれたカードを順に並べるだけです。ただし、ただ並べるのではなく、ABC Song を活用しましょう。

例えば、4人班であれば、2人は歌うチーム、2人はカードを並べるチームになります。歌うチームは相手に聞こえるようにはっきり歌い、相手の様子を見ながら歌う速さを調整します。カードを並べるチームは協力してカードを見つけていきます。

授業の展開に合わせて、大文字だけ、小文字だけ、どちらも混ぜてなどバリエーションを変えます。混ぜて行う場合は、前時で使用した大文字と小文字の組み合わせが分かる掲示をして支援をします。

3. ランチメニューづくりの準備

使用する単語は次時で紹介します。店員とお客さんのやり取りは、絵で示し、デモンストレーションを通して話し方を確認します。やり取りは、A：Hello. → B：Hello. ○○ ,please. → A：Here you are. → B：Thank you. → A：See you. で十分です。

全体→個人→ペアで役割を交代しながらやり取りを行い、次時につなげます。十分に聞き、十分に話すことを大切にしています。

● 評価の注意点

展開1と2から友だちに配慮しながら、積極的にアルファベットを聞いたり発音したりしているかを見取ります。

第3章 "Let's Try! 2" 35時間の指導案　127

Unit6

Alphabet（第4時/4時間）
アルファベットで文字遊びをしよう

1 本時の目標と評価のポイント

(1)身の回りにあるアルファベットの文字クイズを出したり答えたりする。（思考・判断・表現）

(2)相手に配慮しながら、アルファベットの文字について伝え合おうとする。（学びに向かう態度）

2 言語材料（表現）

Look. What's this? Hint, please. How many letters? I have (six).

Do you have (a small "b")? Yes, I do. /No, I don't. That's right. Sorry. Try again.

3 指導案

時	子どもの活動	教師の活動	留意点（◎評価）
挨拶 (7分)	1. 挨拶をする。 2. スモールトークを聞き、内容についての質問に答える。	○笑顔で、大きな声で挨拶をする。 ○スモールトークをする。 ・「先生は休日にどんなことをして過ごしましたか。」	・本時につながる内容を扱う。
導入 (5分)	1. めあてを読んで確認する。 **ランチメニューをつくろう。** 2. チャンツを言う。	○本時のめあてを確認する。 **ランチメニューをつくろう。** ○Let's Chant（p.23）を聞かせて、言わせる。	
展開 (25分)	1. カード並べをする。 ・班ごとに歌うチームとカードを並べるチームに分かれる。 ・はじめは大文字だけ、次に小文字だけ、最後はどちらも混ぜて行う。 2. 単語の言い方を確認する。 3. ランチメニューづくりをする。 ・デモンストレーションを見て、個人で練習をし、その後、ペアでやり取りの仕方を確認する。 ・店員とお客さんに分かれて、ランチメニューをつくる。 ・役割を交代する。 4. 友だちのメニューを見て回る。	○ルールの説明をする。 ・黒板に大文字と小文字の組み合わせが分かる掲示をする。 ○単語を復唱させる。 ○ランチメニューづくりをさせる。 ・やり取りの順番を示したものを掲示する。 ・デモンストレーションを行う。 ・相手意識をもたせる。 ・好きなメニューを買ったり、注文されたものを売ったりさせる。 ○友だちのメニューを見て、自分と比較させたり、友だちのメニューの良さを見つけたりさせる。	・大文字と小文字をマッチングさせる。 ・アルファベットを発音したり聞いたりする。 ◎好きなメニューを言ったり、聞いたりする。
振返 (8分)	1. 振り返りカードを書く。 2. 授業の感想を述べる。 3. 挨拶をする。 Thank you very much. Goodbye, Mr. (Ms.) ～ . See you.	○振り返りカードを書かせる。 ○感想を述べさせる。 ○挨拶をする。 That's all for today. You did a great job! Goodbye, everyone. See you next time.	

128

授業を充実させるためのポイント

1. スモールトーク

休日の過ごし方や趣味の話をして、教師自身も子どもとのやり取りを楽しみましょう。

Good morning. Yesterday I rent a DVD and watched it. I watched "ONE PIECE." Do you know "ONE PIECE"? What animation do you like?

2. ランチメニューづくり

今回はファミリーレストランをイメージしました。実際には絶対にないメニューも、空想だからこそ楽しめるということで加えました。

（例）A: apple、B: beef steak,bread、C: cream soda, curry、D: donut、E: egg、F: fruit parfait、G: gratin、H: hamburger、I: ice cream, ice tea、J: jerry, *Jagarico*、K: *kimuchi*、L: lettuce、M: menu、N: noodle、O: onion soup, orange juice、P: pizza、Q: quish、R: riceS, riceM, riceL、S: salad, sandwiches, spaghetti, strawberry, shrimp、T: tomato, tacos、U: *udon, Umaibō*、V: vanilla ice、W: waffle、X: xylitol gum、Y: yoghurt、Z: zucchini, zwaigani

子どもがわくわくしながら考え、友だちと交流できる場の設定をします。活動前や役割を変える時は表情や声の大きさ、反応などの評価をし、質の高い交流ができるよう促します。

また、メニューをつくった後には、友だちのメニューを見る時間を確保し、自分と比べたり、友だちのメニューの良さを見つけたりし、お互いをもっと知る機会にしましょう。

● 評価の注意点

展開3では、表情や声の大きさ、反応の仕方などに気を付けながら自分の思いを伝えたり、聞いたりでしているかを見取ります。

第3章　"Let's Try! 2" 35時間の指導案　129

Unit 7 What do you want? (第1時/5時間)
ほしいものは何かな？

1 本時の目標と評価のポイント
(1)野菜の言い方に慣れ親しむ。（知識・技能）
(2)すすんで発音しようとする。（学びに向かう態度）

2 言語材料（表現）
What do you want? I want (potatoes), please. How many? (Two), please.
Here you are. Thank you.

3 指導案

時	子どもの活動	教師の活動	留意点（◎評価）
挨拶 (7分)	1. 日直が全体の前で挨拶をする。 Let's start today's English lesson. Hello, everyone. ・気分、天気、曜日を尋ねる。 2. 教師の話を聞き、内容についての質問に答える。	○笑顔で、大きな声で挨拶をする。 ・天気や曜日を表す絵カードで日直をサポートする。 ○スモールトークをする。 ・「先生の好きな野菜は何でしょう。」 ・「トマトは何の料理に使われていますか。」	・分かりやすい語を使う。
導入 (10分)	1. めあてを読んで確認する。 **野菜の名前の言い方に慣れよう。** 2. テキストからどんな野菜があるか見つける。	○本時のめあてを確認する。 **野菜の名前の言い方に慣れよう。** ○テキスト誌面(p.26, 27)の野菜は、英語で何というか考えさせる。	
展開 (20分)	1. 野菜の語彙を練習する。 2. ポインティングゲームをする。 3. 映像を見て、問いに答える。	○野菜の語彙をALTと順に発音する。 ○ALTの発音に続いて、子どもと一緒に練習する。 ○Let's Watch and Think (p.27)を見せ、子どもに尋ねる。 ・「映像の市場では、何を買っていましたか。」 ・「日本の市場とどのような違いがありますか。」	◎すすんで発音している。
振返 (8分)	1. 振り返りカードを書く。 2. 授業の感想を述べる。 3. 挨拶をする。 Thank you very much. Goodbye, Mr. (Ms.) 〜 . See you.	○振り返りカードを書かせる。 ○子どもを指名し感想を述べさせる。 ○挨拶をする。 That's all for today. You did a great job! Goodbye, everyone. See you next time.	

授業を充実させるためのポイント

1.既習表現を使って、日直も英語でコミュニケーションをさせる

　挨拶、そして気分・天気・曜日を尋ねたり答えたりする表現は既習事項です。せっかく学習した表現なので、毎時間の挨拶に使いましょう。

　教師がすすんでクラスルーム・イングリッシュを使っていくと、日直も Be quiet, please. など学習していない他の表現も言えるようになってきます。

Stand up, please. Let's start today's English lesson. Good morning, everyone. How are you? Hɔw is the weather today? What day is it today?

2.スモールトークで、聞く姿勢を育てる

　はじめは、まとまりのある話を聞くことに抵抗を示す子も見られますが、継続することが大切です。

　聞き取れた子のつぶやきを頼りに、学級全体が聞こうとする姿勢へと向いていくようにします。既習表現や外来語として馴染みのある語、短い語、繰り返しの表現を準備しましょう。

（例）I'll talk about my favorite vegetable. I like tomatoes. Tomatoes are red and green caps. We caɔ make many things with tomatoes. For example, tomato juice, tomato soup, tomato ketchuɔ, tomato sauce spaghetti and pizza. I love tomatoes . How about you? Do you like tomatɔes?

3.徐々に子どもの発話を増やしていく

　担任　：John sensei, what do you want?
　ALT　：I want mushrooms.
　子ども：（テキスト（p.26）のmushroomのイラストを指さす）

　はじめは、しっかり聞かせて指をさすのみの活動ですが、徐々にWhat do you want? と尋ねる部分を教師とクラス全員で言うようにしたり、答える部分を数名の子どもを指名して前で言わせたりするなどして、自然に子どもの発話の機会を増やすようにしましょう。

● 評価の注意点

　担任がすすんで発言する子どもを称賛することと、振り返りカードに「がんばっていた友だち」を書く欄を設けておくと、友だちのがんばりにも注目するようになります。

第 3 章　"Let's Try! 2" 35 時間の指導案　131

Unit7

What do you want?（第2時/5時間）
ほしいものは何かな？

1 本時の目標と評価のポイント

(1)野菜と果物の言い方に慣れ親しむ。（知識・技能）

(2)ほしい食材を尋ねる表現に慣れ親しむ。（知識・技能）

2 言語材料（表現）

What do you want? I want (potatoes), please. How many? (Two), please.

Here you are. Thank you.

3 指導案

時	子どもの活動	教師の活動	留意点（◎評価）
挨拶 (7分)	1. 日直が全体の前で挨拶をする。 Let's start today's English lesson. Hello, everyone. • 気分、天気、曜日を尋ねる。	○笑顔で、大きな声で挨拶をする。 • 天気や曜日を表す絵カードを示す。	• 元気よく挨拶をする。
導入 (15分)	1. 担任とALTのやり取りを聞き、内容についての質問に答える。 2. めあてを読んで確認する。 **野菜と果物の名前の言い方に慣れよう。**	○問いを伝えてから、店員役（ALT）とお客さん役（担任）のやり取りを示す。 • 「先生は何をいくつ買いましたか。」 • 「先生は何を作る予定でしょう。」 ○本時のめあてを確認する。 **野菜と果物の名前の言い方に慣れよう。**	• 文表現でやり取りをする。
展開 (15分)	1. 果物の語彙を練習する。 2. ビンゴゲームをする。 3. チャンツをする。	○ALTの発音に続いて、子どもと一緒に練習する。 ○子どもたちに、ほしいものを尋ねさせながら進める。 ○ALTの答えを復唱させる。 ○Let's Chant (p.27)を聞かせて、言わせる。	◎進んで発音している。
振返 (8分)	1. 振り返りカードを書く。 2. 授業の感想を述べる。 3. 挨拶をする。 Thank you very much. Goodbye, Mr. (Ms.) ～. See you.	○振り返りカードを書かせる。 ○子どもを指名し感想を述べさせる。 ○挨拶をする。 That's all for today. You did a great job! Goodbye, everyone. See you next time.	

授業を充実させるためのポイント

1. 担任とALTとのやり取りを聞かせる機会を作る

　ALTとの会話では、子どもたちがイメージしやすい場面の設定ができます。ただ聞かせるだけではなく、聞く観点や問いを事前に明確に示すことが大切です。子どもたちの実態に応じた問いを示すことで、「なんだか英語がわかるかも！」という喜びを実感させましょう。

● カレーライスを作るために買い物にきている客（担任）と、店員（ALT）の会話

　ALT　Hello. What do you want?

　担任　I want potatoes, carrots and onions, please.

　ALT：OK. Potatoes, carrots and onions. How many?

　担任：Three potatoes, two carrots, and four onions, please.（数は指で示しながら話す）

　ALT：OK. Three potatoes, two carrots, and four onions. Anything else?

　担任：I want 500g of this beef.

　ALT：OK. Is that all?

　担任：Oh! I want an apple, too.

　ALT：OK.

2. 子どもたちが慣れ親しんでいるゲームを使う

　準備するもの…ビンゴシートの枠

　　　　　　　　事前にテキストの巻末付録の野菜・果物の絵カード（18枚）を切り取らせておく。

● ビンゴシートの枠内に、カードを1枚ずつ好きな順番で9枚置かせる。

● ビンゴゲームを始める。

全員：What do you want?

ALT：I want strawberries, please.

● 子どもは上の枠内のやり取りで、ALTに続いて、strawberry, strawberriesを発音する。（付録の絵カードは単数で表記されている）

● ALTにほしいと言われたカードがビンゴシート内にあればカードを裏返す。

● リーチやビンゴになったら、手を挙げたり起立したりさせる。

● 評価の注意点

　ゲーム的要素の強い活動では、子どもたちが熱中するあまり発話がおろそかになったり、勝ち負けにこだわりすぎたりすることがあります。そうならないために、語彙をしっかり練習するという本来の目的を事前に伝えることが大切です。クラス内の雰囲気を落ち着かせてから発音を繰り返させ、はきはきとした声で練習している子どもを賞賛しましょう。

第3章　"Let's Try! 2" 35時間の指導案　133

Unit7 What do you want?（第3時/5時間）
ほしいものは何かな？

① 本時の目標と評価のポイント

(1)ほしいものを伝える表現に慣れ親しむ。（知識・技能）

(2)自分のオリジナルパフェを紹介し合う。（思考・判断・表現）

② 言語材料（表現）

What do you want? I want (potatoes), please. How many? (Two), please.

Here you are. Thank you.

③ 指導案

時	子どもの活動	教師の活動	留意点（◎評価）
挨拶 （5分）	1. 日直が全体の前で挨拶をする。 Let's start today's English lesson. Hello, everyone. ・気分、天気、曜日を尋ねる。 2. 教師の話を聞き、内容についての質問に答える。	○笑顔で、大きな声で挨拶をする。 ・天気や曜日を表す絵カードを示す。 ○問いを伝えてから、好きなパフェのスモールトークをする。 ・「先生の好きなパフェは、4つのうちどれでしょう。」	・正解を拡大コピーしておく。
導入 （8分）	1. パフェの紹介を聞き、該当するもの同士を線で結ぶ。 2. めあてを確認する。 **ほしいものを伝えて、フルーツパフェを作ろう。**	○Let's Listen 1（p.28）を聞かせる。 ○本時のめあてを確認する。 **ほしいものを伝えて、フルーツパフェを作ろう。** ○会話の中にどんな果物が出てきたか、子どもに尋ねる。	・必要に応じて、再度聞かせる。
展開 （24分）	1. 担任とALTのやり取りを見る。 2. ペアとやり取りをして、オリジナルパフェを作る。 3. パフェに名前をつけてグループ内で見せ合う。	○担任とALTがActivity 1（p.28）のモデルを示す。 ○やり取りに不安を感じている子どもをサポートする。 ○教師がモデルを示す。 ○数名の子どものパフェを取り上げ、全体に見せる。	◎ほしいものを伝えようとする。
振返 （8分）	1. 振り返りカードを書く。 2. 授業の感想を述べる。 3. 挨拶をする。 Thank you very much. Goodbye, Mr. (Ms.)～. See you.	○振り返りカードを書かせる。 ○子どもを指名し感想を述べさせる。 ○挨拶をする。 That's all for today. You did a great job! Goodbye, everyone. See you next time.	◎表現に慣れ親しんでいる。（記述）

授業を充実させるためのポイント

1. スモールトークを聞き取れなかったら

（絵カードをかくしもって）This is my special parfait. I like vanilla ice cream, apples, bananas, melons and cherries. Which is my special parfait?

Let's Listen 1（p.28）のパフェのイラストを見せ、教師が好きなパフェはどれなのか考えさせます。子どもの様子に応じて Once more, please. と言わせて、もう1度スモールトークを聞かせるのもよいでしょう。

2. 相手に感謝の気持ちを伝える

相手からパフェを作ってもらったり、紹介を聞いたりしたら、Nice! / Wonderful! / Beautiful! / Looks delicious! など、一言コメントを子どもに言わせたいものです。担任と ALT が例をデモンストレーションで示しましょう。

ALT : What do you want?
担任 : I want an orange, please.
ALT : OK. How many oranges?
担任 : Two, please.
ALT : Two? OK. Is that all?（注文は各5つ、4種類まで）Here you are.
担任 : Wonderful! Thank you.
ALT : You're welcome.

3. 紹介するときは、相手を意識させる

子ども A: This is my special parfait. The name is "vitamin parfait." I like oranges, strawberries, kiwi fruits and vanilla ice cream.
子ども B: Nice!

グループのみんなにパフェを紹介するときには、フルーツを指さして友だちに見せながら伝えるように声かけをしましょう。パフェに名前をつけるのもよいでしょう。

● 評価の注意点

子どもたちの行動と振り返りカードから評価をします。また、授業をビデオで撮って記録しておくと、授業の間に見取りきれなかった部分に後からでも気付くことができます。

第3章　"Let's Try! 2" 35時間の指導案　135

Unit 7

What do you want? (第4時/5時間)
ほしいものは何かな？

① 本時の目標と評価のポイント

(1)相手を思いやり、スペシャルピザの具を考える。（思考・判断・表現）

(2)友だちと協力しようとする。（学びに向かう態度）

② 言語材料（表現）

What do you want? I want (potatoes), please. How many? (Two), please.

Here you are. Thank you.

③ 指導案

時	子どもの活動	教師の活動	留意点（◎評価）
挨拶 (5分)	1. 日直が全体の前で挨拶をする。 Let's start today's English lesson. Hello, everyone. • 気分、天気、曜日を尋ねる。	○笑顔で、大きな声で挨拶をする。 • 天気や曜日を表す絵カードを示す。	• 既習表現を使いやすいようにサポートする。
導入 (10分)	1. 野菜・果物について音源を聞き、線で結ぶ。 2. めあてを読んで確認する。 **スペシャルピザの計画を立てよう。**	○Let's listen 2（p.29）を聞かせる。 ○本時のめあてを確認する。 **スペシャルピザの計画を立てよう。**	• 必要に応じて2回聞かせる。
展開 (22分)	1. どんなピザの注文なのか用紙を読み上げる。 2. ピザに使う具材リストを決め、買い物メモを作る。 3. 具材が決まったペアは、買い物に行く練習をする。	○Activity 2（p.29）で子どもたちのつぶやきに共感したり質問したりして、スペシャルピザのイメージを膨らませる。 ○具体的にどんな具を使ったピザにするのか、ペアで相談し決めさせる。 ○具材が決まったペアの練習相手になったり、英語で何と言えば良いかの質問に答えたりする。	◎相手を思いやって、作るピザを考える。
振返 (8分)	1. 振り返りカードを書く。 2. 授業の感想を述べる。 3. 挨拶をする。 Thank you very much. Goodbye, Mr. (Ms.) 〜. See you.	○振り返りカードを書かせる。 ○子どもを指名し感想を述べさせる。 ○挨拶をする。 That's all for today. You did a great job! Goodbye, everyone. See you next time.	

授業を充実させるためのポイント

1. 活動の目的を設定する（誰かのためにピザを作る）

スペシャルピザを作る相手を設定し、子どもたちに作る意欲をもたせることが大切です。以下のような用紙を用意しておき、ペアごとにくじ引きをします。

例：みんなの知っている先生たちがピザを食べたいそうです。代わりに買い物に行って、
先生たちの願いをかなえてあげてください。

毎日早起きなので、元気が出るピザを食べたいです。 From 校長先生	スイーツが好きなので、デザートピザをお願いします。 From 教頭先生	エビが好きなので、エビを入れてください。 From 田中先生
ハッピーになれるような、色どりがきれいなピザを食べたいです。 From 鈴木先生	ヘルシーで、おはだもきれいになるピザがいいです。 From 山本先生	2種類のピザを食べたいので、半分ずつ味を変えてください。 From 佐藤先生

2. 誰もが安心できる活動をめざす

繰り返し慣れ親しんだ表現でも、いざ一人で活動するとなると不安に感じる子が多いでしょう。少し難易度が上がる活動の際には、助け合えるようにペアを組んで活動させることが大切です。協力する大切さを感じる機会にもなるでしょう。

3. テキストの語彙以外も使って良いことにする

ワークシートのイラスト以外の具材も加えて良いことにします。エビなど英語での言い方が分からないときは、担任や ALT に How do you say "エビ" in English? と尋ねさせます。

また、チーズや鶏肉など数えられない名詞を使う場合は、今回は a pack of ～ と表現を統一するとよいでしょう。あらかじめ、ピザに入れたい具を子どもに尋ねて把握しておき、語彙の練習のときにその単語を含めておくとスムーズです。

● 評価の注意点

ペアでの活動は、一人では行うのが不安な子も安心させられますが、一方の子に頼りきりにならないようにルールを示しておくことが大切です。例えば、交互に発話するような内容の設定が考えられます。

また、中心となって発話する側・サポートする側という役割を、コミュニケーションの相手が変わるごとに交代させながら進めることも考えられます。安心かつ、どちらの子どもも力を伸ばせるように工夫することが大切です。

Unit7 What do you want? (第5時/5時間)
ほしいものは何かな？

① 本時の目標と評価のポイント

(1)店員に買いたいものを伝える。（思考・判断・表現）

(2)相手の目を見て、笑顔を意識して会話しようとする。（学びに向かう態度）

② 言語材料（表現）

What do you want? I want (potatoes), please. How many? (Two), please.

Here you are. Thank you.

③ 指導案

時	子どもの活動	教師の活動	留意点（◎評価）
挨拶 (5分)	1. 日直が全体の前で挨拶をする。 Let's start today's English lesson. Hello, everyone. ・気分、天気、曜日を尋ねる。	○笑顔で、大きな声で挨拶をする。 ・天気や曜日を表す絵カードを示す。	・元気よく挨拶をする。
導入 (15分)	1. めあてを読んで確認する。 **食材を買って、スペシャルピザを作ろう。** 2. 店員と客の会話を練習する。	○本時のめあてを確認する。 **食材を買って、スペシャルピザを作ろう。** ○教師が客役、ALTが店員役になりモデルを示し、子どもには続いて練習させる。 ○目を見て、笑顔でやり取りするよう声かけをする。	・前半と後半に分け、両方体験させる。
展開 (20分)	1. 店員と客に分かれてスペシャルピザを作る。 2. 前半と後半で交代する。 3. スペシャルピザをゲストの先生に渡す。	○前半と後半に時間を区切る。 ○活動の途中に、目を見て笑顔でやり取りができている子を賞賛する。	◎相手を意識した会話をしようとしている。
振返 (5分)	1. 振り返りカードを書く。 2. 授業の感想を述べる。 3. 挨拶をする。 Thank you very much. Goodbye, Mr. (Ms.)〜. See you.	○振り返りカードを書かせる。 ○子どもを指名し感想を述べさせる。 ○挨拶をする。 That's all for today. You did a great job! Goodbye, everyone. See you next time.	・ゲストの先生からコメントをもらう。

授業を充実させるためのポイント

1. 注文を繰り返させる

　店員役をするときは注文を繰り返し、確認するように指導します。注文の繰り返しは、注文の間違いを防ぐために日本でもたいていのお店で行なわれていることなので、自然なやり取りになります。また、英語での発話の機会を増やすこともできます。

　　　客：Oh, OK. This is a special pizza for Tanaka sensei. （買い物メモを指さす）

　店員：What do you want?

　　　客：I want shrimps, an onion, tomatoes and cheese.

　店員：How many?

　　　客：Six shrimps, one onion, two tomatoes and a pack of cheese.

　店員：OK. Six shrimps, one onion, two tomatoes and a pack of cheese, Is that all?

　　　客：Yes.

　店員：Here you are.

　　　客：Thank you.

2. より達成感を味わえるように、実物に近づけた作品をつくらせる

　子どもの興味・関心を高めるために、ピザの具材もくふうをする必要があります。図画工作の授業とリンクさせて粘土などで具材を表現できることが望ましいですが、折り紙をちぎって具材として表現する手法も、少ない時間で十分に楽しめる方法の1つです。

3. 注文者としてゲストに来てもらう

　ピザを作る活動に協力してくれた先生方（第4時（本書p.137）参照）に教室にゲストとして来てもらい、子どもたちから完成したピザを渡して具材を説明できるとよいです。ゲストの先生には英語で子どもを褒めてもらえるように、事前にお願いしておくことも大切です。

　　　子ども：Tanaka sensei, this is a special pizza for you. Shrimps, an onion, tomatoes and

　　　　　　　cheese. Here you are.

　(Tanaka) 先生：Wow! Many shrimps! Thank you. Smells good.

● 評価の注意点

　コミュニケーションを円滑に進めるためには、伝わりやすい声の大きさや速さ、相づち、目線や表情などがカギとなります。

　活動の途中で、良いところやもう少し気を付けてほしいことを全体に伝えると、子どもたち自身で意識して改善することができます。

Unit8 This is my favorite place. (第1時/4時間)
お気に入りの場所をしょうかいしよう

1 本時の目標と評価のポイント

(1)世界と日本の学校施設や学校生活の共通点・相違点を通して、多様な考え方があることに気付く。（知識・技能）

2 言語材料（表現）

Go straight. Turn [right / left]. Stop. This is (the music room).

This is my favorite place. Why? I like (music).

3 指導案

時	子どもの活動	教師の活動	留意点 (◎評価)
挨拶 (7分)	1. 挨拶をする。 　Hello. Mr. (Ms.) Kawano. 　I'm fine. How are you? 2. 教師の質問に答える。	○笑顔で、大きな声で挨拶をする。 　Hello, everyone. How are you? 　I'm happy, thank you. ○昇降口についてのスモールトークをする。 　・「entrance が何のことか分かりましたか。」	
導入 (15分)	1. めあてを読んで確認する。 　**教室を表す英語を知ろう。** 2. テキスト（p.30, 31）の絵を見ながら、スリーヒント・クイズに答える。 3. チャンツを言う。	○本時のめあてを確認する。 　**教室を表す英語を知ろう。** ○Let's Play 1 (p.30, 31) の音声を聞かせ、学校の施設名等の英語の表し方を言わせる。 ○スリーヒント・クイズを出す。 ○Let's Chant (p.32) を聞かせて、言わせる。	
展開 (15分)	1. 映像を見て質問を聞き、答える。 2. 映像を見て気付いたことを□（空欄）に記入する。	○Let's Watch and Think 1 (p.31) を見せ、子どもに尋ねる。 　・「この子のお気に入りの場所はどこですか。」 ○Let's Watch and Think 2 (p.32) を見せ、□（空欄）に記入させる。 　・「どんなことに気付きましたか。」	◎日本語と英語では表し方に違いがあることに気付いている。 ・海外と自分の学校との違いに着目させる。
振返 (8分)	1. 振り返りカードを書く。 2. 授業の感想を述べる。 3. 挨拶をする。 　Thank you very much. 　Goodbye, Mr. (Ms.) 〜. 　See you.	○振り返りカードを書かせる。 ○子どもを指名し感想を述べさせる。 ○挨拶をする。 　That's all for today. 　You did a great job! 　Goodbye, everyone. 　See you next time.	

授業を充実させるためのポイント

1.スモールトーク

　スリーヒント・クイズの形式で、昇降口について話します。一般に、昇降口は児童用玄関、玄関は職員用・来客用ととらえられています。絵や写真をうまくつかいながら、学校の実態に合わせたヒントにすると良いでしょう。

　Hello, everyone. Our school has an entrance. What is "entrance"? There are shoe lockers, big doors and a big picture. When you come to school, you take off your shoes there. What's this?

2.スリーヒント・クイズ

　3つのヒントを聞いて、どの場所を表しているのか推測するゲームです。すぐに答えが分からないようなヒントの出し方のくふうもすると、子どもたちは最後までヒントを聞くようになります。子どもたちがつくるクイズは、ものやキーワードだけでもよいですが、教師がつくる際は文で言ったりくり返したりして、分かりやすいくふうをしましょう。

【library】
Hint No.1, there are desks.
Hint No.2, don't talk.
Hint No.3, there are many books.
What's this?

【gym】
Hint No.1, there is a piano.
Hint No.2, there is a stage.
Hint No.3, there are mats.
What's this?

【arts and crafts room】
Hint No.1, there are pictures.
Hint No.2, there are many colors.
Hint No.3, there is a clay.
What's this?

【music room】
Hint No.1, there is a piano.
Hint No.2, there are chairs.
Hint No.3, there are drums.
What's this?

● 評価の注意点

　展開の2「Let's Watch and Think 2」の場面で、学校施設名の英語表現に日本語との違いがあることに気付いているかを評価します。また、行動観察と合わせて、振り返りカードに日本語と英語との違いでどんなことに気付いたのか書かせ、評価します。

Unit8 This is my favorite place. (第2時/4時間)
お気に入りの場所をしょうかいしよう

① 本時の目標と評価のポイント

(1)教科名や教室名の言い方に慣れ親しむ。（知識・技能）

(2)相手に配慮しながら、地図上の場所に道案内しようとする。（学びに向かう態度）

② 言語材料（表現）

Go straight. Turn [right / left]. Stop. This is (the music room).

This is my favorite place. Why? I like (music).

③ 指導案

時	子どもの活動	教師の活動	留意点（◎評価）
挨拶 (5分)	1. 挨拶をする。 Hello. Mr. (Ms.) Kawano. I'm fine. How are you? 2. 教師の質問に答える。	○笑顔で、大きな声で挨拶をする。 Hello, everyone. How are you? I'm happy, thank you. ○ドッジボールについてのスモールトークをする。 • 「先生が好きな外遊びは何ですか。」	• ジェスチャーを交えて話す。
導入 (10分)	1. めあてを読んで確認する。 **道案内をしよう。** 2. チャンツを言う。 3. ペアもしくはグループで、巻末付録の絵カードで、かるたゲームをする。	○本時のめあてを確認する。 **道案内をしよう。** ○Let's Chant（p.32）を聞かせて、言わせる。 ○手を頭の上に置くよう指示する。聞こえた単語の絵カードを取らせる。 • Touch your head. • library, classroom, gym, …。	• 前もってカードを切らせておく。
展開 (22分)	1. 映像を見ながら表現を確認する。 2. 道案内の表現の動作をする。 3. ペアの子の道案内を聞いて、それぞれの学校マップを完成する。	○Let's Listen 1（p.30）を見せ、道案内の表現を示す。 ○Go straight. や Turn right. 等の動作をさせる。 ○代表の子どもとデモンストレーションをする。 ○ペアでお互いの地図を完成させる。	◎目的地への行き方を分かりやすく伝えようとしている。
振返 (8分)	1. 振り返りカードを書く。 2. 授業の感想を述べる。 3. 挨拶をする。 Thank you very much. Goodbye, Mr. (Ms.) 〜 . See you.	○振り返りカードを書かせる。 ○子どもを指名し感想を述べさせる。 ○挨拶をする。 That's all for today. You did a great job! Goodbye, everyone. See you next time.	

授業を充実させるためのポイント

1. スモールトーク
　学級の実態に応じて、子どもたちの間で流行っている遊びを題材にします。ジェスチャーをしながら、子どもたちが分かりやすいようくふうしましょう。
　Hello, everyone. It's cold today. But I like to play outside. Dodge ball, tag, jump rope. I like dodge ball. I throw a ball. I catch a ball. When I'm hit by a ball, I must move outside the court.

2. 学校マップを完成させよう
　ペアになります。教師は2パターンの学校マップを作り、ペアそれぞれに違うパターンのマップを配ります。自分のマップに番号のみが記入されている教室は、相手のマップに教室名が書かれています。お互いに相手のマップは見ないようにします。指でマップのシートの上をスタート地点からなぞりながら一つの指示ごとに、それに従い目的地へ向かいます。曲がる指示は、向きを変えるだけでGo Straight. と言われるまで歩き出さないようにします。

A：Turn right. Go straight. Turn left. Go straight. Turn right. The front is No.1 room. What's this?
B：It's a computer room.
A：（該当の教室の絵カードをシート上の①にのせる）Thank you.
B：You're welcome.

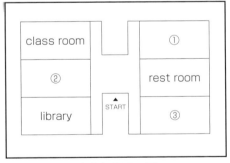
Aさんのマップ

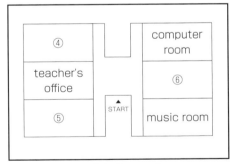
Bさんのマップ

● 評価の注意点

　展開3の学校マップを完成させる場面で、目的地となる教室への行き方を伝えようとする態度を見取ります。相手がrightかleftで迷ったり、なかなか進めなかったりするときに、ゆっくりと聞こえやすい声で言うなど、相手に配慮しているかどうかを評価します。

Unit8

This is my favorite place. (第3時/4時間)
お気に入りの場所をしょうかいしよう

1 本時の目標と評価のポイント
(1)自分が気に入っている学校内の場所について伝え合う。（思考・判断・表現）

2 言語材料（表現）
Go straight. Turn [right / left]. Stop. This is (the music room).

This is my favorite place. Why? I like (music).

3 指導案

時	子どもの活動	教師の活動	留意点（◎評価）
挨拶 (7分)	1. 挨拶をする。 Hello. Mr. (Ms.) Kawano. I'm fine. How are you? 2. 教師の質問に答える。	○笑顔で、大きな声で挨拶をする。 Hello, everyone. How are you? I'm happy, thank you. ○道案内したことについてのスモールトークをする。 • 「先生は何をしたのでしょう。」	• 分かりやすい語を使う。
導入 (15分)	1. めあてを読んで確認する。 **すきな場所をつたえよう。** 2. チャンツを言う。 3. メモリーワードゲームをする。	○本時のめあてを確認する。 **すきな場所をつたえよう。** ○Let's Chant（p.32）を聞かせて、言わせる。 ○教師と代表の子どもでモデルを示す。	
展開 (15分)	1. 映像を見て質問に答える。 2. インタビューゲームをする。 3. 自分と同じ場所が好きな友だちを発表する。	○Let's Listen 2（p.32）を見せ、質問する。 • 「登場人物のお気に入りの場所はどこですか。」 ○学校内の好きな場所が自分と同じ友だちを探すように伝える。 ○インタビューのモデルを示す。 ○好きな場所が自分と同じ子を見つけたか尋ね、発表させる。	◎自分のお気に入りの場所について言ったり聞いたりしている。
振返 (8分)	1. 振り返りカードを書く。 2. 授業の感想を述べる。 3. 挨拶をする。 Thank you very much. Goodbye, Mr. (Ms.)〜. See you.	○振り返りカードを書かせる。 ○子どもを指名し感想を述べさせる。 ○挨拶をする。 That's all for today. You did a great job! Goodbye, everyone. See you next time.	

144

授業を充実させるためのポイント

1. スモールトーク

道案内をした出来事を話します。○○には子どもがよく知っている駅名等を入れます。

Hello everyone. Today I am so happy. Do you know why ? OK. Please listen to me. I met a woman yesterday. She said to me, "Where is ○○ station?" I taught how to get to ○○ station. She said, "Thank you."

2. メモリーワードゲーム

３～４人のグループで、(A)music room.→(B)music room, classroom.→(C)music room, classroom, library, …のように、順に一人ずつ単語を付け足して言っていきます。

教室名のカードを手元に置いておくと、表現が想起できます。一度出た単語は使えません。
１分間程度で行います。

3. インタビューゲーム

学校内の自分が好きな場所とその理由を伝え合います。Activity（テキスト p. 33）のような表に、はじめに自分が好きな場所とその理由を書きます。同じ場所が好きな友だちを予想し、聞き合います。

A : Hello. I like music room.
B : Why?
A : play the piano. I like singing. How about you?
B : like library. ……

● 評価の注意点

展開の「２. インタビューゲームをする。」場面では、学校内の自分のお気に入りの場所を言うだけでなく、その理由も加えて言っているかを評価します。

理由は、表現が難しい場合は日本語でも構いません。好きな場所が同じでも、理由が違う場合があるので、友だちの知らなかった面に気付くことにつながります。

第３章 "Let's Try! 2" 35 時間の指導案　145

Unit8 This is my favorite place. (第4時/4時間)

お気に入りの場所をしょうかいしよう

① 本時の目標と評価のポイント

(1)適切なルートを考えて、目的地に案内する。（思考・判断・表現）

(2)相手に配慮しながら、目的地への行き方を伝え合おうとする。（学びに向かう態度）

② 言語材料（表現）

Go straight. Turn [right / left]. Stop. This is (the music room).

This is my favorite place. Why? I like (music).

③ 指導案

時	子どもの活動	教師の活動	留意点（◎評価）
挨拶 (7分)	1. 挨拶をする。 Hello. Mr. (Ms.) Kawano. I'm fine. How are you? 2. 教師の質問に答える。	○笑顔で、大きな声で挨拶をする。 Hello, everyone. How are you? I'm happy, thank you. ○前時をふまえ、人気のある学校内の場所についてスモールトークをする。 •「一番人気のある場所はどこでしたか。」	• 分かりやすい語を使う。
導入 (10分)	1. めあてを読んで確認する。 **早くゴールに着く行き方を考えて道案内をしよう。** 2. チャンツを言う。 3. ミッシングゲームをする。	○本時のめあてを確認する。 **早くゴールに着く行き方を考えて道案内をしよう。** ○Let's Chant（p.32）を聞かせて、言わせる。 ○黒板に学校施設の絵カードを貼り、子どもに記憶させる。 ○絵カードを1枚抜く。 • What's missing?	
展開 (20分)	1. 道案内の表現を確認する。 2. ロボットでGo!ゲームをする。	○子どもにその場で動作をさせる。 ○ロボットでGo!ゲームの活動方法を説明する。 ○代表の数人の子どもでデモンストレーションをする。	◎目的地に早く着くよう考えて道案内をする。
振返 (8分)	1. 振り返りカードを書く。 2. 授業の感想を述べる。 3. 挨拶をする。 Thank you very much. Goodbye, Mr. (Ms.)〜. See you.	○振り返りカードを書かせる。 ○子どもを指名し感想を述べさせる。 ○挨拶をする。 That's all for today. You did a great job! Goodbye, everyone. See you next time.	

授業を充実させるためのポイント

1. スモールトーク

前時のインタビューでActivity（テキストp.33）の表に書いたお気に入りの場所を集計し、発表します。

Hello, everyone. In the last lesson, we did the interview about favorite places. No.1 is the playground. No.2 is the gym. No.3 is the library. The playground is the most popular place.

2. ロボットでGo!ゲーム

ロボット役になった子どもはペアの指示通りに動くゲームです。ペアになり指示をするコマンダー（司令官）役と指示通りに動くロボット役を決めます。教師が笛で合図を出すと、コマンダーはロボットのそばで指示を出します。指示はGo straight. / Turn right. / Turn left. / Stop. のどれか一つです。Stop. は一度しか使えません。笛1回につき指示1つです。2か所のゴールのどちらかに早く辿り着いたペアの勝ちです。

他のペアとぶつからないように、コマンダーはよく考えて指示を出します。ぶつかったらコマンダー同士が英語でじゃんけんし、負けたら失格です。笛の合図は20回で、20回以内にゴールできなければそれも失格です。その後、ペアの役割を交代します。学級の実態に合わせて、ペアの数、スタート位置、指示の回数は変更してください。

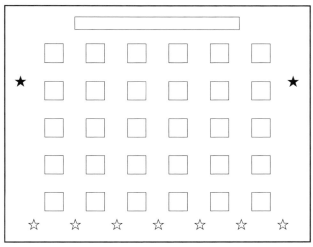

☆START HERE　★GOAL

● 評価の注意点

ロボットでGo!ゲームでは、早くゴールに着くよう考えて指示しようとしているかを評価します。他のペアの動きをよく見ながら、道案内の表現を選んで指示するため、思考や判断の評価ができます。

Unit9 This is my day.（第1時／5時間）
ぼく・わたしの一日

1 本時の目標と評価のポイント
(1)日本語と英語の音声やリズムなどの違いに気付き、日課を表す表現に慣れ親しむ。（知識・技能）
(2)絵本などの短い話を聞いて反応したり、おおよその内容が分かったりする。（思考・判断・表現）

2 言語材料（表現）
I wake up (at 6:00).　I have breakfast (at 7:00).　I go to school (at ～).　I go home (at ～).

3 指導案

時	子どもの活動	教師の活動	留意点（◎評価）
挨拶 (8分)	1. 挨拶をする。 2. Unit 4 (p.14, 15) の Let's Watch and Think 1 を見て、一日の時間の尋ね方や表し方を思い出す。	○笑顔で、大きな声で挨拶をする。 ○Unit 4で視聴したデジタル教材を改めて見せて、What time is it? で時間を尋ねたり、It's 10 a.m. と時間を答えたりしたことを思い出させる。	• 子どもの気付きを大切にする。
導入 (15分)	1. めあてを読んで確認する。 **絵本のおおよその内容をつかもう。** 2.【1回目】担任やALTの読み聞かせを聞きながら、絵本の大まかな内容を理解する。 3. 自分が聞こえてきた音声・表現を繰り返してみる。 4. 絵本の内容に関連させた質問に答える。	○本時のめあてを確認する。 **絵本のおおよその内容をつかもう。** ○Let's Try! 2 (p.34)のデジタル教材を映写しながら絵本を読み聞かせる。 ○絵本の読み聞かせをしながら、子どもに尋ねたり指示をしたりする表現を紹介していく。 ○子どもに質問するなどして、巻き込みながら進めていく。 　•「何時ですか。」 　•「あなたは何時に起きますか。」 　•「朝ごはんに何を食べますか。」	• 一日の生活の様子を身振り手振りで動作をするなどして、子どもが理解しやすいよう配慮する。
展開 (15分)	1.【2回目】デジタル教材の音声を聞きながら絵本の内容に親しむ。 2.【3回目】教師と一緒に声を出しながら絵本の内容を振り返る。	○デジタル教材で音声を聞かせながら、絵本の内容について理解を深めさせたり、聞こえてくる表現等について気付きを促したりする。 ○再度、読み聞かせを行う。ここでは、可能な限り子どもの発話を促す。	• 慣れ親しんだ表現は子どもに発話させる。
振返 (7分)	1. 振り返りカードを書く。 2. 授業の感想を述べる。 3. 挨拶をする。 Thank you very much. Goodbye, Mr. (Ms.) ～. See you.	○振り返りカードを書かせる。 ○子ども数名を指名し感想を発表させた後、良かった点等についてコメントする。 ○挨拶をする。 That's all for today. You did a great job! Goodbye, everyone. See you next time.	◎絵本の大まかな内容をつかんでいる。

授業を充実させるためのポイント

1. 外国語活動から外国語科（教科）につなげる単元であることを意識する

本単元は、4年生の最後の単元であり、「まとまった話を聞き、その内容がある程度分かる」経験をさせることをねらっています。

絵本の読み聞かせ等を通して、「何となくだけど、内容が分かった」「自分の生活について、いくつか英語で言えるようになった」という実感が、子どもの自信につながり、「もっといろいろなことを英語で聞いてみたい、話してみたい」であったり、「英語の文字を読んだり、書いたりしてみたい」等、5・6年生の外国語科の学習に対する意欲につながっていくと考えます。

個人の一日の生活を題材として、子どもが2年間の外国語活動で慣れ親しんできたさまざまな表現を用いて、「聞くこと」や「話すこと（やり取り）」等に取り組ませることができます。

子どもが絵本を参考にして自分の生活を紹介したり、グループでオリジナル絵本や紙芝居を作成したりするなど活動を工夫し、2年間のまとめとできるようにしていきたいものです。

2. Unit4 の内容との関連を生かす

本単元の題材である一日の生活は、Unit4でも取り扱われています。このUnit4では、子どもの負担感を考慮し、一日の行動を、Wake-up Time / Lunch Time / Dream Time などと簡単な名詞で表していましたが、本単元では、動詞を用いて I wake up. / I eat lunch. / I go to bed. など英文として扱い、5年生の外国語科の学習につなげていくように構成されています。

本時では、以前の学習（活動）を思い出させながら、題材の導入につなげていくことをねらい、Unit 4 で視聴したデジタル教材（映像）を使用することとしています。

このように、これまで学習した内容と関連づけながら、繰り返し、学ぶ機会をつくっていきましょう。

● 評価の注意点

3回の読み聞かせの際の観察と「振り返りカード」への記入・発表を通して、子どもが楽しみながらまとまった話の内容を大まかに理解したかを確認します。

絵を見たり、教師の読み聞かせを聞いたりして分かったことや、キーワードなどを取りあげて、振り返るなどのくふうもしましょう。

Unit 9

This is my day. (第2時／5時間)
ぼく・わたしの一日

1 本時の目標と評価のポイント

(1)日本語と英語の音声やリズムなどの違いに気付き、日課を表す表現に慣れ親しむ。
　　（知識・技能）

(2)絵本などの短い話を聞いて反応したり、おおよその内容が分かったりする。
　　（思考・判断・表現）

2 言語材料（表現）

I wake up (at 6:00).　I have breakfast (at 7:00).　I go to school (at 〜).　I go home (at 〜).

3 指導案

時	子どもの活動	教師の活動	留意点（◎評価）
挨拶 (8分)	1. 挨拶をする。 2. 教師の「一日の生活」を聞く。	○笑顔で、大きな声で挨拶をする。 ○「先生の一日の生活」という話題でスモールトークをする。	• Let's Try! 2の表現を使用する。
導入 (15分)	1. めあてを読んで確認する。 **一日の生活を英語で言ってみよう。** 2. 前時と同じ絵本の読み聞かせを通して、一日の生活に関わる時刻に注目する。	○本時のめあてを確認する。 **一日の生活を英語で言ってみよう。** ○読み聞かせを通して、生活行動と時刻を結びつけていく。 ○1ページずつ内容をつかませながら、絵本の内容や絵について質問しながら読み進める。	• できるだけ教師かALTが読み進める。
展開 (15分)	1. ジェスチャー・ゲーム① 教師が発音する英語の動作を聞いて、それを表すジェスチャーをする。 2. ジェスチャー・ゲーム② 4人程度のグループで、ジェスチャー・ゲームをする。 3. チャンツ（一日の生活）	○絵本に出てきた一日の生活に関わる表現を言いながら、子どもにジェスチャーさせる。 ○4人程度のグループで、交代で指示を出し合い、ゲームを進めさせる。 　　A：I wash my face. 　B・C・D：それぞれ I wash my face. 　　と言いながらジェスチャーする。 ○チャンツのリズムに合わせて、ジェスチャー・ゲームで用いた表現を繰り返す（ジェスチャーを付ける）。	• 1、2の活動を通して、動作をたくさん聞かせたり言わせたりする。 ◎言語材料や表現に慣れ親しんでいる。
振返 (7分)	1. 振り返りカードを書く。 2. 授業の感想を述べる。 3. 挨拶をする。 Thank you very much. Goodbye, Mr. (Ms.) 〜. See you.	○振り返りカードを書かせる。 ○数名を指名し感想を発表させた後、良かった点等についてコメントする。 ○挨拶をする。 That's all for today. You did a great job! Goodbye, everyone. See you next time.	

150

授業を充実させるためのポイント

1. 読み聞かせの際に子どもに語りかける

　子どもが、絵本の内容に自分自身を投影させるためには、絵本の主人公の行動と自分自身の行動を比較し、「同じだなぁ」「違うなぁ」と自分と関連付けながら読み進めさせることが必要です。

　前時と本時の導入の読み聞かせでは、主人公が何時にどんな行動をしているのかという視点で子どもに質問を投げかけています。

　各家庭や地域の状況によって生活時間は異なりますので、子ども一人一人の発する言葉を大切に取り扱い、安心して話せる雰囲気づくりを目指します。

（例）

教師　：I have breakfast.（テキスト p.36 の絵を見ながら）What time is it?

子ども：It's 7 a.m.

教師　：Yes. It's 7 a.m. "I have breakfast at seven."
　　　　（子どもに対して）What time do you have breakfast?

子ども：6 a.m.

教師　：Oh, you have breakfast at six. Wow, you wake up early!

2. スモールトーク

　文構造の説明をしなくても、教師の発話自体がモデルになるので、子どもに話しかけて巻き込んでいくとよいでしょう。時折、Why? を使って、なぜ早起きするのかなど、理由を尋ねていくことでも話題が広がります。

　理由が英語で言えなくても、日本語で言わせた後で教師が英語で言い返してあげるなどして、会話の流れを自然にしていきましょう。

教師　：I wake up at six thirty every morning. What time do you get up, Megumi?

子ども：I wake up at six.

教師　：Oh, Megumi wakes up at six. OK. How about you, Kenji?

● 評価の注意点

　本時においては、一日の生活を表す表現を取り扱うため、内容が細かくなり、難易度が高くなります。スモールトークや読み聞かせを通して十分に音声をインプットした上で、ジェスチャー・ゲームで身体全体を使いながら表現に慣れ親しませていきます。

　分かりやすいジェスチャーなど、表現にくふうがみられる子どもを見つけたら、みんなの前で発表させるなどして褒めるようにしましょう。

第 3 章　"Let's Try! 2" 35 時間の指導案　151

Unit9

This is my day.（第3時／5時間）
ぼく・わたしの一日

1 本時の目標と評価のポイント

(1)日本語と英語の音声やリズムなどの違いに気付き、日課を表す表現に慣れ親しむ。
（知識・技能）

(2)絵本などの短い話を聞いて反応したり、おおよその内容が分かったりする。
（思考・判断・表現）

2 言語材料（表現）

I wake up (at 6:00). I have breakfast (at 7:00). I go to school (at 〜). I go home (at 〜).

3 指導案　※本時は、"Let's Try! 2" 巻末付属のワードカード（一日の生活）を使用します。

時	子どもの活動	教師の活動	留意点（◎評価）
挨拶 (7分)	1. 挨拶をする。 2. チャンツ（一日の生活）を行う。	○笑顔で、大きな声で挨拶をする。 ○チャンツのリズムに合わせて、ジェスチャーを付けながら一日の生活を表す表現を繰り返す。	• テンポよく繰り返す。
導入 (15分)	1. めあてを読んで確認する。 **一日の生活をカードで紹介しよう。** 2. 教師の読み聞かせを聞きながら、登場人物のせりふを言うなど、できるだけ一緒に声を出しながら読み進める。	○本時のめあてを確認する。 **一日の生活をカードで紹介しよう。** ○読み聞かせの中で、登場人物のせりふを子どもに言わせる。 ○「あなたは〜しますか。」と子どもに質問しながら読み聞かせる。 • Do you take out the garbage?	• デジタル教材の音声でも可。
展開 (15分)	1. キーワード・ゲーム 教師が発音する英語をリピートしながらキーワードが出たらペアで消しゴム等を取り合う。 2. カード並べ 自分の一日の日課の順番でカードを並べ、ペアで紹介し合う。	○はじめにキーワードを確認する。一日の生活に関する表現を英語でアトランダムに発音する。 ○ペアをつくらせた後、モデルを示し、カードを並べ、ペアで紹介させる。 ※子どもの実態に応じて、at〜と時刻を付けて言わせてもよい。	• 付属カード使用 ◎相手に伝わるようにせりふを伝えている。
振返 (8分)	1. 振り返りカードを書く。 2. 授業の感想を述べる。 3. 挨拶をする。 Thank you very much. Goodbye, Mr. (Ms.) 〜. See you.	○振り返りカードを書かせる。 ○子ども数名を指名し感想を発表させた後、良かった点等についてコメントする。 ○挨拶をする。 That's all for today. You did a great job! Goodbye, everyone. See you next time.	

授業を充実させるためのポイント

1.絵と文字が両方あるということに注目

"Let's Try! 2" の巻末に付属のカードには、イラストと語句が印刷されていますが、子どもは、このどちらを見て発話しているのでしょうか。私たち大人は無意識のうちに文字を見て、カードの意味を確認していることが多いようですが、子どもたちの反応はさまざまです。

「文字の塊が単語になって、いろいろな意味をもつということが分かりました。」「絵と英語があると意味が分かりやすいです。」というような英語が書かれていることに肯定的な感想もあれば、「英語が書いてあると難しいです。」「先生が黒板に書いた英語が読めませんでした。」という否定的な感想もあります。

実際のところ、英語の文構造やある程度の読み方のルールに気付いた子どもにとって、文字があることはプラスに働く場合もあります。その反面、音と文字の関係を認識することが容易ではない子どももたくさんいます。

外国語活動の中では、「読むこと」についての目標がないのは周知のことですが、指導する立場の教師が子どもたち個々の認知の優位性を理解した上で、音声情報、視覚情報、文字情報を同時に与えるなどユニバーサルデザインに基づいた授業設計をしていくことが必要です。

2.ペア活動のくふう

本時では、キーワード・ゲームから「カード並べ」までペア活動で取り組ませます。英語でコミュニケーション活動を行う際、いきなり大勢の前で話すのではなく、1対1という最小単位で伝え合うところからスタートします。ペア活動を通して言語材料を十分に慣れ親しませたら、いよいよグループでの活動に進みます。

ペア活動やグループ活動で配慮したいのは、「言葉のモデル」があるかどうか、または「学習者としてのモデル」がいるかどうかです。子どもたちは教え合ったり、尋ね合ったりしながら言語を獲得していきます。

授業中、積極的に発話できる子だけでなく、おとなしいけれどコミュニケーションを図れるようになりたい、友だちともっとつながりたいと思っている子どものために、どのようなくふう・配慮ができるか考えていきたいものです。

● 評価の注意点

3年生のUnit9と同様に、絵本のあらすじを理解し、出てきた言語材料に慣れ親しんできたところで、子ども一人一人に役割（発話の機会）を与えます。

絵本の中の「一日の生活」だったものを、本時の後半から子ども一人一人の「一日の生活」として話させていきます。自分のことを伝えようとしている姿を観察するようにしましょう。

第3章 "Let's Try! 2" 35時間の指導案　153

Unit 9 This is my day.（第4時／5時間）
ぼく・わたしの一日

1 本時の目標と評価のポイント

(1)絵本などの短い話を聞いて反応したり、おおよその内容が分かったりする。（思考・判断・表現）

(2)相手に配慮しながら、絵本などの短い話を聞いて反応しようとする。（学びに向かう態度）

2 言語材料（表現）

I wake up (at 6:00). I have breakfast (at 7:00). I go to school (at ～). I go home (at ～).

3 指導案　※本時は、"Let's Try! 2" の巻末付属のワードカード（一日の生活）を使用します。

時	子どもの活動	教師の活動	留意点（◎評価）
挨拶 （7分）	1. 挨拶をする。 2. デジタル教材の音声に合わせて、全員で絵本の内容を声に出して読む。	○笑顔で、大きな声で挨拶をする。 ○デジタル教材の音声と同時に（かぶせて）せりふ等を言わせ、相手が聞きやすいリズムで表現することを意識付ける。	・デジタル教材を使用する。
導入 （10分）	1. めあてを読んで確認する。 **早起きチャンピオンをみつけよう。** 2. カード並べ ・自分の一日の日課の順番でカードを並べ、ペアで紹介し合う。（前時とペアを替える）	○本時のめあてを確認する。 **早起きチャンピオンをみつけよう。** ○ペアをつくらせた後、モデルを示し、カードを並べ、ペアで紹介させる。 ※起きる時刻、食事の時刻、帰宅時刻については、～ at seven のように時刻も言わせる。	
展開 （20分）	1. 早起きチャンピオンを見つけよう。 グループ単位（5、6人）で円になって、順番に自分の起きる時刻を紹介していく。全員が紹介し終わったところで、一番早く起きると言った子どもがグループのチャンピオンとなる。 2. クラスの早起きチャンピオンを見つけよう。	○活動前にモデルを示し、活動の仕方を確認させる。 　I wake up at six. How about you, Hiroshi? ○トピックを変えて取り組む。 ・早く朝食を食べるチャンピオン ・早く家を出るチャンピオン ・早く帰宅するチャンピオン ○各グループの早起きチャンピオンを集めて、一人ずつ発表させ、クラス一早起きする子を、クラスのチャンピオンとする。	◎相手に伝わるようにくふうしてせりふを伝えようとしている。
振返 （8分）	1. 振り返りカードを書く。 2. 授業の感想を述べる。 3. 挨拶をする。 Thank you very much. Goodbye, Mr. (Ms.) ～ . See you.	○振り返りカードを書かせる。 ○子ども数名を指名し感想を発表させ、良かった点等についてコメントする。 ○挨拶をする。 That's all for today. You did a great job! Goodbye, everyone. See you next time.	

授業を充実させるためのポイント

1.活動に目的をもたせて心を動かす

　お互いに何時に起きるかを英語で発表し合うことは、子どもにとって楽しい活動でしょうか。子どもがそのトピックに興味をもっていれば問題ないですが、友だちの起きる時刻を知りたいという子どもは必ずしも多くない場合もあります。

　本時においては、「早起きチャンピオンをみつけよう」というようにゲーム性を取り入れることにより、子どもの活動の目的は「一番早く起きる人を探すこと」となります。子どもはこの目的達成のために I wake up at ～ . という表現を何度も繰り返し使用し、徐々に自分の言葉となっていきます。

　子どもの日常の遊びを外国語活動に取り入れたり、他教科の内容と関連付けたりすることで、外国語活動の可能性は広がっていきます。だからこそ、子どものことをよく知る学級担任の教師が指導に当たることが望ましいのです。

2.コミュニケーションに必要な4つの要素

　平成30年3月、文化庁の文化審議会国語分科会は、言葉によるコミュニケーションで互いに理解を深めるための方法を示した報告書をまとめました。報告書は、コミュニケーションを巡る課題として、言葉の変化や自分とは異なる言葉遣いを認めないといった「寛容さに欠ける風潮」やスマートフォンの普及で高齢層を中心に「知らない言葉に触れる機会」が増えたことなどをあげています。

　報告書では、コミュニケーションに必要な4つの要素として、「正確さ」、「分かりやすさ」、目的や相手に応じた「ふさわしさ」、互いに心地よい距離をとる「敬意と親しさ」を示し、伝える場面や状況に応じてバランスを考えることが重要だと指摘しています。

　外国語教育においても、相手意識をもってコミュニケーションを図ることが重視されています。授業を通して、「敬意と親しさ」のある人間関係をつくっていけるようくふうしましょう。

● 評価の注意点

　「自己紹介」や「自分の一日の生活」など、子どもにある程度まとまった英文を話させる際には、意味内容を相手に伝えようとしている姿を捉えて評価することが重要です。

Unit9 This is my day. (第5時／5時間)
ぼく・わたしの一日

1 本時の目標と評価のポイント

(1)絵本などの短い話を聞いて反応したり、おおよその内容が分かったりする。(思考・判断・表現)

(2)相手に配慮しながら、絵本などの短い話を聞いて反応しようとする。(学びに向かう態度)

2 言語材料（表現）

I wake up (at 6:00). I have breakfast (at 7:00). I go to school (at ～). I go home (at ～).

3 指導案　※本時は文部科学省発行のワークシート Unit9-1 を使用します。

時	子どもの活動	教師の活動	留意点（◎評価）
挨拶 (5分)	1. 挨拶をする。 2. デジタル教材の音声に合わせて、全員で絵本のせりふを声に出す。	○笑顔で、大きな声で挨拶をする。 ○デジタル教材の音声と同時に（かぶせて）せりふを言わせ、リズムよく表現することを意識付ける。	
導入 (7分)	1. めあてを読んで確認する。 **「ぼく・わたしの一日」を発表しよう。** 2. ペアで発表練習をする。	○本時のめあてを確認する。 **「ぼく・わたしの一日」を発表しよう。** ○2人1組のペアで発表練習に取り組ませる。	・ワークシートを使用する。
展開 (20分)	1. 全体の前で一人一人発表する。 2. それぞれの発表について、くふうしている点やおもしろいと思った点を評価し合う。	○黒板の前で、身振り手振りを交えながら発表させる ○一人一人の発表が終わるごとに、聞く側のグループの子どもに感想を発表させる。	◎相手に配慮しながら伝え合っている。
振返 (13分)	1. 振り返りカードを書く。 2. 授業の感想を述べる。 3. 1年の振り返りをする。 4. 挨拶をする。 Thank you very much. Goodbye, Mr. (Ms.) ～. See you.	○振り返りカードを書かせる。 ○数名を指名し感想を発表させ、本時及び本単元の取組についてコメントする。 ○挨拶をする。 That's all for today. You did a great job! Goodbye, everyone. See you next time.	

授業を充実させるためのポイント

1. 単元の計画を逆向き設計で作成する

　本時の活動を単元のゴールに設定するとき、すべての子どもに達成感を味わわせるためには、どのような活動をそれまでに積み重ねることが必要かを考え、ゴールとなる活動から逆向きに指導計画を作成していくことを「バックワード・デザイン」といいます。（本書p.13参照）

　外国語活動の中では、単元の最初や、子どもが新しい言語材料や表現に出会うとき、学級担任やALTが、「聞くこと」に係る活動を中心に、子どもの気付きを促しながら授業を進めていきます。歌やチャンツ、様々なアクティビティの中でたくさん聞いたり話したりして十分に慣れ親しんでから、自分のことや自分の気持ちを表現する活動に取り組みます。

　週1時間の外国語活動においては、子どもが、前時に活動した内容を忘れていることも少なくありません。毎時間の「振り返りカード」等により、子どもの学習状況（活動状況）を把握しながら、教師が活動と活動をつなぎ合わせていくことが求められます。

2. 外国語活動の体験を広げる

　絵本を用いた読み聞かせの単元では、図書館等にある英語の絵本の読み聞かせを取り入れることも考えられます。

　文部科学省の「外国語教育強化地域拠点事業」の実践においては、より多くのオーセンティックな絵本教材に触れさせることで、読み聞かせ自体が好きになる子どもが増えたり、エリック・カールの作品のようなリズムよく読める絵本に興味をもつ子どもが増えたりしたという地域がありました。

　教室内に絵本教材を整備したり、図書室等にいつでも絵本を閲覧できる環境をつくったり、ALTが休み時間に読み聞かせをしたりすることで、授業が終わってからも主体的に絵本を読もうという子どもが増えていきます。

● 評価の注意点

　本時におけるグループ発表は、本単元（または最終学期）の大きな評価場面となることから、発表の様子をビデオ撮影するなどして、子ども一人一人の姿を記録した上で評価することが大切です。このことは、後に、外国語科のパフォーマンス評価の取組にもつながります。

　また、本時で見られる姿に限定せず、絵本の読み聞かせに始まり、さまざまなアクティビティやグループ発表に取り組む中で、子ども一人一人がどのように活動し、どのように成長したのかを「振り返りカード」の内容でも把握していくことが大切です。

第4章

指導要録記入例 & 通知表文例集

Unit1 Hello!
あいさつをして友だちになろう

1. 指導要録記入例

知識・技能	○世界には、様々な国のあいさつがあることに気づいた。 ○チャンツを通して、あいさつの表現に慣れ親しんだ。
思考・判断・表現	○すすんで友だちとあいさつを交わし合った。 ○自分が知っている世界のあいさつを伝えた。 ○印象に残った世界のあいさつを振り返りカードに書いた。 ○映像に出てきた国以外のあいさつにも関心をもち、調べたいという思いを振り返りカードにまとめた。
学びに向かう態度	○笑顔で友だちにあいさつをしようとした。 ○友だちの目を見て、あいさつをしようとした。

2. 通知表文例集

知識・技能	○ハロー以外にも、世界には様々なあいさつがあることに気づき、振り返りカードにまとめました。 ○明るい声でチャンツを練習し、クラスのみんなをリードしました。
思考・判断・表現	○自分が知っている中国のあいさつ（ニーハオ）を発表することができました。 ○世界の国のあいさつの中で印象に残った言葉（ジャンボ、ナマステ）を振り返りカードにメモしました。 ○テキストに出ていない国のあいさつにも興味をもちました。
学びに向かう態度	○友だちと笑顔であいさつをしていました。 ○アイコンタクトを意識して、あいさつをしました。 ○友だちに伝わるように、心を込めて丁寧なやりとりをしました。

Unit2

How are you?
ごきげんいかが？

1. 指導要録記入例

知識・技能	○表現に合った表情やジェスチャーをつけて、歌に慣れ親しんだ。 ○コミュニケーションを図る上で、自分の思いを伝えるためには表情やジェスチャーが重要だということに気づいた。 ○世界のジェスチャーを知り、日本との共通点や相違点に気づいた。
思考・判断・表現	○映像の会話の内容を想像しながら聞き、聞き取れたことを周りの友だちと相談し合った。 ○自分の思いを表現できるジェスチャーを創作し、発表した。
学びに向かう態度	○友だちとすすんでコミュニケーションを図ろうとする姿が見られた。 ○友だちの話を笑顔で聞こうとしていた。

2. 通知表文例集

知識・技能	○気持ちに合った表情やジェスチャーをつけて、歌うことができました。 ○表情やジェスチャーがある方が自分の思いがより伝わりやすいということを振り返りカードにまとめました。 ○世界のジェスチャーを知り、日本と比べて気づいたことを発表することができました。
思考・判断・表現	○映像での会話がどんな内容なのか、考えたことをすすんで発表しました。 ○オリジナルのジェスチャーを作り、自分の気持ちを英語に合わせて表すことができました。
学びに向かう態度	○自分から友だちに声をかけ、やりとりをしようとする姿がすばらしかったです。 ○友だちが話しやすいように、うなずいて笑顔で聞こうとしていました。

Unit3 How many?
数えてあそぼう

1. 指導要録記入例

知識・技能	○歌やチャンツを進んで練習し、1〜20の数の言い方や尋ね方に慣れ親しんだ。 ○様々な国の数の言い方に関心をもち、映像に続いて繰り返した。
思考・判断・表現	○日中韓の数の言い方で類似しているところに気づき、なぜ似ているのか興味をもった。 ○色を塗ったりんごの数をすすんで尋ね、同じ数の友だちに共感する表現を伝えた。
学びに向かう態度	○ALTの発音や口の動きを意識し、繰り返そうとした。 ○漢字紹介をする友だちの話を笑顔でうなづきながら聞いた。

2. 通知表文例集

知識・技能	○元気よく歌やチャンツを練習し、1〜20の数の言い方や尋ね方に親しみました。 ○世界の様々な国の数の言い方に関心をもち、特にスペイン語の1〜5を覚えてみんなの前で発表しました。
思考・判断・表現	○日本と中国と韓国は、数の言い方で似ている音がいくつもあることに気づき、どうして似ているのかと疑問を持ちました。 ○色をぬったりんごの数が同じ友だちに対し、"Me, too!"と声をかけました。 ○好きな漢字クイズに正解した友だちに対し、"That's right!"と伝えました。 ○画数などヒントを出し、友だちに好きな漢字をクイズ形式で紹介した。
学びに向かう態度	○ALTの先生の発音をよく聞き、口の動きもまねしようと一生懸命に練習しました。 ○友だちが漢字紹介をするのを笑顔で相づちを打ちながら聞くことができました。

Unit4 I like blue.
すきなものをつたえよう

1. 指導要録記入例

知識・技能	○歌やチャンツを通じて、色や好きなものを伝える表現に慣れ親しんだ。 ○友だちの好きな色を聞いて共感したり、自分の好きな色を伝えたりした。
思考・判断・表現	○映像で、虹の色の捉え方は国によって違うことに気がついた。 ○友だちと好きな色を尋ね合い、共感した。 ○英語で何というのかわからない語彙をALTにすすんで尋ねた。
学びに向かう態度	○好きなものを伝える自己紹介を堂々とみんなに伝わる声の大きさで発表した。 ○友だちの自己紹介に相づちを打ち、意欲的に聞いた。

2. 通知表文例集

知識・技能	○すすんで歌やチャンツを練習し、色や好きなものを伝える表現に親しみました。 ○友だちの好きな色を聞いて共感する表現を伝えたり、自分の好きな色を伝えたりしました。
思考・判断・表現	○映像を見て、国によって虹の色のとらえ方が違うということに気がつき、発表しました。 ○テキストに出ていない色（水色）を英語で何というのか興味をもち、ALTの先生に尋ねることができました。 ○自己紹介をした友だちに対し、好きなものを尋ねることができました。
学びに向かう態度	○みんなの前で、好きなものを伝える自己紹介をみんなに伝わる声の大きさで堂々とすることができました。 ○自己紹介をする友だちに対し、共感する表現を伝えながら聞くことができました。

第4章　指導要録記入例 & 通知表文例集　163

Unit5 What do you like?
何がすき?

1. 指導要録記入例

知識・技能	○チャンツを通じて、好きなものを尋ねる表現に慣れ親しんだ。 ○日本語と英語の違いに着目し、リズムやアクセントを意識して発音した。
思考・判断・表現	○インタビュー活動で、友だちと好きな食べ物や色、動物を伝え合った。 ○音声を聞いて、誰が何を好きなのか正確に聞き取れた。
学びに向かう態度	○意欲的に、友だちに好きな色や食べ物についてのインタビューを行った。 ○インタビューで聞き取れたことを相手に繰り返したり、共感したりした。

2. 通知表文例集

知識・技能	○意欲的にチャンツを練習し、ペアで好きなものを尋ねる表現に親しむことができました。 ○日本語と英語では異なる表現が多いことに気がつき、リズムやアクセントに気をつけて発音の練習をした。
思考・判断・表現	○インタビュー活動では、友だちと好きな食べ物や色、動物を伝え合いました。 ○音声を聞いて、好きなスポーツや果物をすべて正しく聞き取りました。
学びに向かう態度	○自分からすすんで友だちにインタビューを行い、好きな色や食べ物を質問しました。 ○インタビュー活動では、友だちの発言で聞き取れたことを繰り返したり、共感したりしました。

Unit6 ALPHABET
アルファベットとなかよし

1. 指導要録記入例

知識・技能	○身の回りには、活字体の文字があふれていることに気づき、見つけたものを振り返りカードに書いた。 ○歌を通じて、アルファベットの音に親しんだ。 ○ALTの先生の口の動きをよく見て、アルファベットを発音した。
思考・判断・表現	○絵から見つけたアルファベットを進んで発表した。 ○グループで相談しながら、アルファベットを様々なグループに分類した。
学びに向かう態度	○笑顔でカードを渡したり受け取ったりした。 ○伝わりやすいように、アルファベットを伝えるときの速さを工夫した。

2. 通知表文例集

知識・技能	○教室や自分の持ち物にアルファベットが使われているものが多いことに気づき、見つけたものを振り返りカードに書きました。 ○ABCソングを歌い、アルファベットの発音に親しみました。 ○ALTの先生の口の動きをよく見てまねしながら、アルファベットの発音を練習しました。
思考・判断・表現	○テキストの絵の中からアルファベットを見つけ、すすんでみんなの前で発表しました。 ○アルファベットを「半分に折って重なるグループ（線対称）」と「重ならないグループ」に分類することができました。
学びに向かう態度	○自分の姓名の頭文字が友だち伝わりやすいように、アルファベットを言うときはゆっくり言うように工夫しました。 ○必要な文字カードを友だちに伝え、カードを受け取るときに笑顔でお礼を伝えることができました。 ○友だちにカードを渡すときには、"Here you are." と言って笑顔で渡すことができました。

第4章　指導要録記入例 & 通知表文例集　　165

Unit 7

This is for you.
カードをおくろう

1. 指導要録記入例

知識・技能	○キーワードゲームを通じて、様々な形を表す表現に慣れ親しんだ。 ○日本語と英語の音声の違いに気づき、リズムや強弱を意識した。 ○ 形の言い方や欲しいものを伝えたり尋ねたりする表現に慣れ親しんだ。
思考・判断・表現	○欲しい形を尋ねたり、答えたりして、伝え合った。 ○音声が表している作品を正しく線で結んだ。 ○相手が喜びそうなグリーティングカードを考えた。
学びに向かう態度	○必要な形を手に入れようと、グループで協力しようとした。 ○笑顔で友だちの目を見てグリーティングカードを渡したり、お礼を言って受け取ったりしようとした。

2. 通知表文例集

知識・技能	○キーワードゲームを通じて、様々な形を表す表現に慣れ親しむことができました。 ○日本語と英語の音声の違いに気づき、リズムや強弱を意識して発音を練習しました。 ○ALTの先生に続いて、形の言い方やほしいものを伝えたり尋ねたりする表現に親しむことができました。
思考・判断・表現	○ほしい形を尋ねたり、答えたりして、伝え合いました。 ○音声を聞いて、適切なものを見つけることができました。 ○思いやりの気持ちをもって、相手が喜んでくれるようなグリーティングカードを考えることができました。
学びに向かう態度	○必要な形を手に入るために、グループで協力し、積極的に活動することができました。 ○笑顔で友だちの目を見てグリーティングカードを渡したり、お礼を言って受け取ったりすることができました。

Unit8 What's this?
これなあに？

1. 指導要録記入例

知識・技能	○チャンツを通じて、あるものが何かを尋ねたり答えたりする表現に慣れ親しんだ。 ○英語特有の音に気をつけながら、果物や野菜、動物などの語彙に親しんだ。
思考・判断・表現	○漢字クイズでは、「海星」が何を表すものなのか友だちと相談し、正解を発表することができた。 ○よく考えて答えてもらえるように、ヒントを出す順番を工夫して、スリーヒントクイズを作った。
学びに向かう態度	○積極的に挙手をしてシルエットクイズに参加した。 ○スリーヒントクイズでは、友だちに言われたヒントを繰り返したり、確認のために聞き返したりして意欲的に取り組んだ。 ○すすんでクラスの友だちと関わり、スリーヒントクイズを出題したり答えたりした。

2. 通知表文例集

知識・技能	○チャンツを練習し、あるものが何かを尋ねたり答えたりする表現に親しみました。 ○ 英語特有の音に気をつけながら、果物や野菜、動物などの語彙を練習しました。
思考・判断・表現	○漢字クイズでは、「海星」が何を表すものなのか友だちと相談し、正解を発表することができました。 ○すぐに答えがわかってしまわないように、ヒントを出す順番を工夫して、スリーヒントクイズを作りました。
学びに向かう態度	○シルエットクイズでは、手を挙げて積極的に答えを発表しました。 ○スリーヒントクイズでは、友だちに言われたヒントを繰り返したり、確認のために聞き返したりして意欲的に取り組みました。 ○すすんでクラスの友だちと関わり、スリーヒントクイズを出題したり答えたりしました。

第 4 章　指導要録記入例 & 通知表文例集　167

Unit9 Who are you?
きみはだれ？

1. 指導要録記入例

知識・技能	○絵本を聞いて、尋ねたり答えたりする表現に親しんだ。 ○英語特有の音声やリズムに気づき、ALTに続いてせりふに親しんだ。
思考・判断・表現	○どんな動物がかくれているのかを考え、予想したものを発表した。 ○絵本の読み聞かせを聞き、登場した動物を振り返りカードに書いた。 ○絵本の動物になりきって、ALTと一緒に答えた。
学びに向かう態度	○自分が言えそうな表現を教師の読み聞かせに合わせて、すすんで言おうとした。 ○他の英語の絵本も読んでみたいという意欲をもった。

2. 通知表文例集

知識・技能	○絵本を聞いて、誰かに尋ねたり答えたりする表現を先生と一緒に言って親しむことができました。 ○英語特有の音声やリズムに着目して、尋ねたり答えたりする表現に親しみました。
思考・判断・表現	○絵本の初めのページを見て、森の中にどんな動物がかくれているのかの予想を発表しました。 ○絵本の読み聞かせを聞いて、登場した動物の名前を振り返りカードに記入することができました。 ○絵本の動物になりきって、ALTと一緒に答えることができました。
学びに向かう態度	○先生の絵本の読み聞かせに続いて、自分で言えそうな表現を進んで練習し、どんどん一緒に言えるようになりました。 ○他にも、もっといろいろな英語の絵本を読んでみたいという意欲をもちました。

Unit 1

Hello, world!
世界のいろいろなことばであいさつをしよう

1. 指導要録記入例

知識・技能	○世界には、様々な国のあいさつの仕方があることに気づいた。 ○チャンツを通して、あいさつの表現に慣れ親しんだ。 ○好きなことを伝える表現に慣れ親しんだ。
思考・判断・表現	○友だちに好きなものを尋ね、聞いたことを繰り返したり、相づちを打ったりした。 ○好きなことや嫌いなことについて友だちにインタビューを行い、自分との共通点に着目した。
学びに向かう態度	○友だちと笑顔でやりとりをした。 ○友だちの目を見て、相づちを打ちながらやりとりをすることを心がけた。

2. 通知表文例集

知識・技能	○世界には様々なあいさつとその時の所作（握手やハグなど）があることに気づき、わかったことを発表しました。 ○英語も、日本語と同じように時間によってあいさつの言い方が違うことがわかりました。 ○自分の好きなことを伝える言い方を繰り返し練習しました。
思考・判断・表現	○友だちに好きなものを尋ね、答えを繰り返したり、"I see.""Me, too."など相づちを打ったりすることができました。 ○友だちとやりとりをしてわかった情報（好きなことや嫌いなこと）を表にまとめ、自分と共通点が多い人が多いことがわかりました。
学びに向かう態度	○友だちと笑顔であいさつをしていました。 ○アイコンタクトを意識して、あいさつをしました。 ○友だちの話に相づちを打つことを意識してやりとりをしました。

第 4 章　指導要録記入例 & 通知表文例集　169

Unit2 Let's paly cards.
すきな遊びを伝えよう

1. 指導要録記入例

知識・技能	○チャンツを通じて、天気を表す表現に慣れ親しんだ。
	○友だちを遊びに誘う表現に親しんだ。
	○スモールトークを聞いて、世界には日本と似ている遊びがあることに気づいた。
思考・判断・表現	○天気に応じて好きな遊びを尋ね合い、遊ぶ約束をした。
	○音声を聞き、ふさわしいものを選ぶことができた。
	○天気予報を伝える音声を聞き、地図上に天気の絵を書くことができた。
学びに向かう態度	○笑顔で友だちにインタビューをしようとした。
	○友だちの誘いに対し、英語で一言コメントをしようとした。

2. 通知表文例集

知識・技能	○チャンツのリズムに乗せて、天気を尋ねたり答えたりすることができました。
	○友だちを自分の好きな遊びに誘う表現に親しみました。
	○ ALTの先生の話を聞いて、世界にも日本と似ている遊びがあることがわかりました。
思考・判断・表現	○友だちと好きな遊びを尋ね合い、天気に応じて一緒に遊ぶ約束をすることができました。
	○音声を聞き、当てはまる適切なイラストを選ぶことができました。
	○天気予報を伝える音声を聞き、地図上に天気の絵をかくことができました。
学びに向かう態度	○笑顔で友だちに好きな遊びを尋ねました。
	○友だちに遊びに誘われた時に "Yes, let's!" や "Nice!" など一言伝えようとしました。

Unit3 I like Mondays.
すきな曜日は何かな?

1. 指導要録記入例

知識・技能	○すすんでチャンツを練習し、曜日の表現に慣れ親しんだ。 ○ALTの発音をよく聞いて、曜日の尋ね方や動作を表す語句の表現を繰り返し練習した。
思考・判断・表現	○世界の子どもたちの過ごし方で自分との共通点や相違点に着目し発表した。 ○まとまりのある会話を聞き、どんな内容だったのか、グループで相談した。 ○好きな曜日が同じでも、様々な理由があることがわかったということを振り返りカードにまとめた。
学びに向かう態度	○自分からすすんで友だちにインタビューをした。 ○自分と同じ曜日を選んでいる友だちに共感する一言を伝えようとした。

2. 通知表文例集

知識・技能	○すすんでチャンツを練習し、曜日の言い方に慣れることができました。 ○ALTの先生に続いて、曜日の尋ね方や動作を表す語句の言い方を繰り返し練習しました。
思考・判断・表現	○映像を見て、世界の子どもたちの過ごし方で自分と似ているところや違うところを考え、発表しました。 ○映像では、どんな内容の会話がなされていたのか、グループで相談し発表しました。 ○好きな曜日を尋ね合い、自分と同じ曜日が好きでも、様々な理由があることに気がつきました。
学びに向かう態度	○自分からすすんで友だちに好きな曜日のインタビューをしました。 ○友だちの発言に共感したり、一言コメントをしたりしました。

Unit4 What time is it?
今、何時？

1. 指導要録記入例

知識・技能	○映像から、国によって時差があることに気がついた。 ○チャンツを通じて、時間を尋ねたり答えたりする表現や日課を伝える表現に慣れ親しんだ。
思考・判断・表現	○時刻や日課を聞き取り、聞いたことに当てはまるものを選択した。 ○時刻を聞き取り、イラストに書き込んだ。 ○友だちへのインタビューで、それぞれ日課の順番や活動する時刻が異なることや、好きな時刻も異なることがわかった。
学びに向かう態度	○友だちの発言に対し、驚いたり理由を尋ねたりするなど、一言コメントを返そうとした。 ○友だちの目を見て、コミュニケーションを図ろうとした。

2. 通知表文例集

知識・技能	○映像を見て、国によって何時間も時差があることに気がつきました。 ○チャンツを通じて、時間を尋ねたり答えたりする表現や日課を伝える表現に親しみました。
思考・判断・表現	○時刻や日課を聞いて、当てはまるものを考え、選ぶことができました。 ○時刻を聞き取り、正しくイラストに時間を書き込むことができました。 ○インタビューを通じて、人それぞれ日課の順番や時刻が違うことや、好きな時刻も様々であることがわかりました。
学びに向かう態度	○友だちの日課やその時刻を聞いて、驚いたり理由を尋ねたりするなどの一言コメントを伝えようとしました。 ○友だちの目を見てコミュニケーション活動に取り組みました。

Unit5 Do you have a pen?

おすすめの文房具セットをつくろう

1. 指導要録記入例

知識・技能	○チャンツを通じて、文房具の語彙や持ち物を尋ねたり答えたりする表現に慣れ親しんだ。 ○ホッチキスは英語でstaplerと言い、表現が全く違うことに驚き、振り返りカードに記入した。
思考・判断・表現	○音声を聞いて、音声に合うイラストを正しく選択した。 ○映像から、国ごとに学校に行くときの持ち物が異なることに気づいた。昼食や授業内容も違うのではないかと考えた。 ○相手を思いやった文房具セットを作り、理由を発表した。
学びに向かう態度	○チャンツのやりとりを全体の前ですすんで発表した。 ○困っている友だちを見かけたら、優しくサポートした。

2. 通知表文例集

知識・技能	○チャンツを通じて、文房具の語彙や持ち物を尋ねたり答えたりする表現に慣れ親しみました。 ○ホッチキスは英語でstaplerと言うことを初めて知り、振り返りカードに書きました。
思考・判断・表現	○音声を聞いて、音声に合うイラストを正しく選ぶことができました。 ○映像から、国によって学校に行くときの持ち物が異なることに気づき、昼食や授業内容も違うのではないかと考えることができました。 ○友だちの好みを考えた文房具セットを作り、選んだ理由をみんなの前で発表することができました。
学びに向かう態度	○ペアでのチャンツをみんなの前ですすんで発表しました。 ○困っている友だちに優しくサポートする姿が見られました。

第4章　指導要録記入例 & 通知表文例集　173

Unit6　Alphabet
アルファベットで文字遊びをしよう

1. 指導要録記入例

知識・技能	○ABCソングをテキストの小文字を指しながら歌い、小文字に慣れ親しんだ。 ○身の回りにアルファベットが多く使われていることに気づき、見つけたものを振り返りカードに書いた。 ○チャンツを通じて、アルファベットの音に慣れ親しんだ。
思考・判断・表現	○イラストに含まれているアルファベットの文字を尋ね、ペアでアルファベットのクイズを出し合った。 ○色クイズでは、友だちの好きな色を予想しながら、含まれているアルファベットの文字を尋ね合った。
学びに向かう態度	○ペアで意欲的にクイズを出し合った。 ○友だちがクイズに正解したら、"That's right." と笑顔で答えた。

2. 通知表文例集

知識・技能	○ ABCソングをテキストの小文字を指しながら歌い、小文字に慣れ親しみました。 ○身の回りにアルファベットが多く使われていることに気づき、見つけたものを振り返りカードに書くことができました。 ○すすんでチャンツを練習し、アルファベットの音に慣れ親しみました。
思考・判断・表現	○イラストに含まれているアルファベットの文字を尋ね、ペアでアルファベットのクイズを出し合いました。 ○色クイズでは、友だちの好きな色を予想しながら、含まれているアルファベットの文字を尋ね合いました。
学びに向かう態度	○ペアで意欲的にイラストや色のクイズを出し合いました。 ○友だちがクイズに正解した時には、"That's right." と笑顔で答えることができました。

Unit 7

What do you want?
ほしいものは何かな？

1. 指導要録記入例

知識・技能	○野菜や果物の語彙や、ほしい食材を尋ねたり答えたりする表現に慣れ親しんだ。 ○ほしい物と数を伝える表現や、受け渡しする表現に慣れ親しんだ。 ○ALTに続いて、すすんで発音を繰り返した。
思考・判断・表現	○友だちに注文された食材や個数を繰り返し、友だちがほしい物を確認しながらやりとりをした。 ○ピザを作る際に、相手が喜びそうな具材を考えた。
学びに向かう態度	○英語で何というかわからない表現があれば、自分から教師に尋ねた。 ○言われたことを繰り返し、丁寧なやりとりを心がけた。 ○あきらめず、もう一度言ってもらうよう相手にお願いした。

2. 通知表文例集

知識・技能	○野菜や果物の語彙や、ほしい食材を尋ねたり答えたりする表現をすすんで練習しました。 ○ほしい物と数を伝える表現や、受け渡しする表現を繰り返し練習しました。
思考・判断・表現	○店員役として、注文を受けた食材や個数を繰り返し、正しく渡せるように確認することができました。 ○ピザを作る際には、相手が喜びそうな具材を考え、工夫して作ることができました。
学びに向かう態度	○英語で何というかわからない表現があれば、自分から教師に尋ねてメモをする姿が見られました。 ○丁寧なやりとりを心がけ、一度で聞き取るのが難しかったときには、もう一度言ってもらいたいと伝えることができました。

第4章　指導要録記入例 & 通知表文例集　175

Unit8 This is my favorite place.

お気に入りの場所をしょうかいしよう

1. 指導要録記入例

知識・技能	○チャンツを通じて、道案内をする表現に慣れ親しんだ。 ○キーワードゲームやビンゴゲームを通じて、教科名や教室名の言い方に慣れ親しんだ。
思考・判断・表現	○好きな場所を伝える音声を聞いて、適切なものを選ぶことができた。 ○世界の学校の様子を映像で見て、自分たちの学校と似ているところや違うところを見つけ、発表した。 ○好きな場所と理由を友だちにインタビューしながら伝え合った。
学びに向かう態度	○好きな場所と理由を尋ね、笑顔で一言コメントをしようとした。 ○友だちの目を見てコミュニケーションをしようとした。 ○わからない語彙があれば、そのままにせずに自分から尋ねようとした。

2. 通知表文例集

知識・技能	○すすんでチャンツを練習し、道案内をする表現に慣れ親しみました。 ○キーワードゲームやビンゴゲームを通じて、教科名や教室名の言い方に慣れ親しみました。
思考・判断・表現	○好きな場所を伝える音声を聞いて、適切なものを選ぶことができました。 ○世界の学校の様子を映像で見て、自分たちの学校と似ているところや違うところを見つけ、すすんでみんなの前で発表しました。 ○好きな場所と理由を友だちにインタビューしながら伝え合いました。
学びに向かう態度	○好きな場所と理由を尋ね、笑顔で一言コメントをしました。 ○友だちの目を見て、丁寧なコミュニケーションを心がけました。 ○わからない語彙があれば、そのままにせずに自分から尋ねようとしました。

Unit 9

This is my day.
ぼく・わたしの一日

1. 指導要録記入例

知識・技能	○読み聞かせを聞いて、日課を表す表現に慣れ親しんだ。 ○教師の読み聞かせを聞いて、話のおおよその内容を理解した。
思考・判断・表現	○日本語と英語の音声やリズムの違いを意識しながら、自分で言えそうな表現を一緒に言おうとした。 ○読み聞かせの内容に合わせた動作を考え、表現した。 ○自分の日課をミニ絵本にして友だちと紹介し合った。
学びに向かう態度	○他の絵本も読んでみたいという意欲をもった。 ○日課で言いたい表現を、すすんで質問しようとした。 ○みんなに伝わる声の大きさで、ミニ絵本を紹介した。

2. 通知表文例集

知識・技能	○読み聞かせを聞いて、日課を表す表現に慣れ親しみました。 ○先生の読み聞かせを聞いて、話のおおよその内容を理解することができました。
思考・判断・表現	○日本語と英語の音声やリズムの違いを意識しながら、自分で言えそうな表現を一緒に言うことができました。 ○読み聞かせの内容に合わせた動作を考え、みんなに紹介しました。 ○自分の日課をミニ絵本にして友だちと紹介し合うことができました。
学びに向かう態度	○自分が知っている絵本を英語で聞いてみたいという意欲をもちました。 ○日課で言いたい表現を積極的に質問し、絵本作りをしました。 ○みんなに伝わる声の大きさで、ミニ絵本を紹介することができました。

第 4 章　指導要録記入例 & 通知表文例集　177

第5章

そのまま使える！
クラスルーム・イングリッシュ

そのまま使える！　クラスルーム・イングリッシュ

　外国語活動の授業で使われるクラスルーム・イングリッシュは、子どもたちの英語力や聞き取る力を伸ばすためのものではなく、授業の雰囲気づくりや、子どもたちを英語の音や表現に慣れさせ、英語に対する抵抗感を減らすために用いるものです。

　教師は、子どもたちの反応を見ながら、話すスピードを調整したり、時には強弱をつけたりしながら、子どもたちの気持ちを英語に向かわせるようにコントロールしていきます。例え、教師が英語の発音を苦手だとしても、毎回少しずつでも英語を使うことにより、表現や発音に慣れ、発音も良くなり、教師自身も抵抗無く使えるようになるものです。最も悪い傾向は、使うことを躊躇して、日本語ばかりで授業を進めてしまうことです。これは、子どもたちのためには決して良くありません。とにかく使いながら慣れていくことが大切なのです。

　では、クラスルーム・イングリッシュをどの程度使用すればよいのでしょうか。子どもたちの状況にもよりますが、授業すべてを英語で進めることには無理があります。コミュニケーション活動・ゲームなどのルールや方法について英語で説明することは難しく、子どもたちが徐々に教師の話を聞かなくなることも予想されます。そこで効率を考えながら、日本語で説明した方が理解させやすい場合には日本語を用い、それ以外の指示や激励などは常に英語で話しかけるようにしましょう。

　このように使い分けをすることが重要なのです。もちろん、活動などの説明はモデルやジェスチャーなどで示し、授業全体を英語で進めることも考えられますが、まずは無理をせず、少しずつ適切な部分で使っていくことがポイントです。

　指示の表現では、文末に please をつけると丁寧な言い回しになり、授業の雰囲気も和みます。一方で、例えば、クラス全体が騒がしい場合には、日本語で「静かにしなさい！」などと注意するときのように、語気を強めて "Be quiet!" と言う方法や、ほんの数人に注意をしたい場合には、小さな声で、"Be quiet, please." と話しかけるのも効果があるでしょう。英語と日本語は別モノとは考えずに、英語の表現にも感情を込めて、日本語のように自然に使えるようにしていきましょう。

　次ページ以降は、授業で用いられるクラスルーム・イングリッシュの表現の例です。これらは、文部科学省の教科調査官時代に小学校に外国語活動を導入するに際し、教師の研修に使うべく作成したものを、今回、第3学年から外国語活動が導入されることを受け、一部手直ししたものです。できる限り難しいものは避けるようにして、カテゴリー別にまとめたものです。これらを使いこなせるようになることで、授業の質も変化し、子どもたちの態度も変化していきます。発音に自信がない場合には、事前にネイティブ・スピーカーや英語の堪能な先生方に発音の矯正などをしてもらうこともおすすめです。

　一方、子どもたちの聞く力を向上させたいと思う場合には、クラスルーム・イングリッシュとは別に、教師によるスモールトーク（ティーチャーズトーク）を数多く聞かせることがポイントです。

【挨拶の表現①：授業のはじめに】

1	おにようございます。	Good morning.
2	みなさん、こんにちは。	Hello, / Good afternoon, everyone.
3	元気ですか。／今日の調子はいかがですか。	How are you? / How are you today?
4	今日は何曜日ですか。	What day is it today?
	→水曜日です。	→ It's Wednesday.
5	今日は何月何日ですか。	What is the date today?
	→7月14日です。	→ It's July fourteenth.
6	天気はどうですか。	How is the weather today?
	→晴れ（雨、曇り、雪）です。	→ It's sunny (rainy / cloudy / snowy).
7	誰か休んでいますか。	Who's absent today?
8	みんないますか。	Is everybody here?
9	何か変わったことありましたか。	What's new?
10	誰が当番（日直）ですか。	Whose turn is it today?

【挨拶の表現②：授業のおわりに】

1	振り返りカードは書きましたか。	Did you finish writing the reflection sheet?
2	今日の授業はどうでしたか。	How was today's class?
3	誰か答えてもらえませんか。	Any volunteers?
4	今日はこれで終わります。	That's all for today.　/ We are finished.
5	今日の授業は楽しかったですか。	Did you enjoy today's class?
6	また次回会いましょう。	See you next time.
7	次の授業（来週）で会いましょう。	See you next class (week).
8	さようなら。	Goodbye. / See you.

【授業開始時の表現】

1	立ってください。	Stand up.
2	座ってください。	Sit down.
3	大きな声で言いなさい。	Speak louder.
4	笑顔で。	With a smile.
5	席に戻りなさい。	Go back to your seat.
6	準備はいいですか。	Are you ready?
7	始めましょう。	Let's begin. / Let's start. / Shall we begin?

【コミュニケーション活動・言語活動の開始時の表現】

1	活動（ゲーム）をしましょう。	Let's play activities. / Let's play a game.
2	並びなさい。	Line up.
3	2列に並びなさい。	Make two lines.

4	ペアになりなさい。	Make pairs.
5	ペアを代えなさい。	Change pairs.
6	相手を代えなさい。	Change partners.
7	3人グループをつくりなさい。	Make groups of three.
8	円になりなさい。	Make a circle.
9	歩き回りなさい。	Walk around.
10	こちらに来なさい。	Come here.
11	前に来なさい。	Come to the front.
12	ここに立ちなさい。	Stand here.
13	ここに座りなさい。	Sit down here.
14	真ん中に来なさい。	Come to the center.
15	私の番です。	It's my turn.
16	あなたの番です。	It's your turn.
17	最初は誰ですか。	Who's first?
18	どうぞ（進めて）	Go ahead.
19	お先にどうぞ。	After you.
20	役割を変えなさい。	Change roles.
21	じゃんけんをしなさい。	Do janken.
22	質問はありませんか。	Do you have any questions?
23	他に質問はありませんか。	Any other questions?
24	カードを取り出しなさい。	Take out your cards.
25	サイコロを振りなさい。	Roll the dice.

【コミュニケーション活動・言語活動の終了時の表現】

1	終わりです。	Time's up.
2	やめなさい。	Stop now.
3	誰が勝ちましたか。	Who won?
4	引き分けです。	It was a tie.
5	麻衣さんの勝ちです。	Mai is the winner.
6	がんばりましたか。	Did you do your best?
7	どうでしたか。	How was it?
8	カードを数えなさい。	Count your cards.
9	何枚カードを持っていますか。	How many cards do you have?
10	何ポイント取りましたか。	How many points do you get?

【褒める表現】

1	よくできました。	Good. / Great. / Good job. / Well done.
2	素晴らしいですね。	Wonderful. / Excellent. / Marvelous. / Fantastic. / Super. / Perfect.

3 正解です。	That's right.
4 よい考えです。	That's a good idea.
5 おめでとう。	Congratulations.
6 よくがんばりました。	You did a good job.
7 （大変）ありがとう。	Thank you (very much).
8 （彼 / 彼女）に拍手しましょう。	Let's give (him / her) a big hand.
9 お手伝いしてくれてありがとう。	Thank you for your help.
10 楽しい時間でした。	We had a good time.

【励ます表現】

1 惜しい。	Close. / Almost.
2 あきらめないで。	Don't give up. / Never give up.
3 心配しないで。	Don't worry.
4 大丈夫ですよ。	It's OK.
5 よくやったね。	Nice try. / Good try. / Nice challenge.
6 もう一度。	Once more. / One more time.
7 もう一度やりなさい（話しなさい）。	(Try / Say) it again.
8 がんばろう。	Good luck. / Do your best.
9 恥ずかしがらないで。	Don't be shy.
10 落ち着いて。	Take it easy. / Relax. / Calm down.
11 あなたならできますよ。	You can do it.
12 焦らないで。	Take your time.
13 間違えても大丈夫だよ。	It's OK to make mistakes.
14 はじめからもう一度やってみなさい。	Start over.
15 その調子。	Keep it up.

【その他さまざまな表現】

1 歌を歌いましょう。	Let's sing a song.
2 この歌を知っていますか。	Do you know this song?
3 チャンツをしましょう。	Let's chant.
4 ＣＤを聞きなさい。	Listen to the CD.
5 手伝ってもらえますか。	Can you help me?
6 ページをめくりましょう。	Turn the page.
7 もう一度言ってください。	Pardon? / Could you say that again?
8 聞こえますか。	Can you hear me?
9 聞こえません。	I can't hear you.
10 私を見てください。	Look at me.
11 それを見せてください。	Show it to me.
12 はい、どうぞ。	Here you are.

執筆者一覧

【編著者】

兼重　昇	広島大学大学院准教授
佐々木　淳一	岩手県教育委員会　学校教育課　主任指導主事

【著　者】

菅　正隆	大阪樟蔭女子大学教授
福井　千佳子	岩手県盛岡市立仙北小学校
渡邊　圭美	岩手県北上市立黒沢尻北小学校
阿部　勲寿	岩手県紫波町立赤石小学校
髙橋　あんな	岩手県一関市立萩荘小学校
中村　邦丸	岩手県宮古市立崎山小学校
瀧本　知香	和歌山県和歌山市立安原小学校
北野　梓	大阪府富田林市立寺池台小学校

小学校 外国語活動
"Let's Try!" 指導案・評価 完全ガイド

2018年　5月28日　初版発行
2018年10月22日　3刷発行

編著者———	兼重　昇・佐々木淳一
発行者———	佐久間重嘉
発行所———	学 陽 書 房
	〒102-0072　東京都千代田区飯田橋 1-9-3
営業部———	TEL 03-3261-1111／FAX 03-5211-3300
編集部———	TEL 03-3261-1112
	振替口座　00170-4-84240
	http://www.gakuyo.co.jp/

ブックデザイン／スタジオダンク
DTP制作／越海辰夫　　イラスト／おしろゆうこ
印刷／加藤文明社　　製本／東京美術紙工

© Noboru Kaneshige, Junichi Sasaki 2018. Printed in Japan.　ISBN978-4-313-65361-0 C0037
乱丁・落丁本は、送料小社負担にてお取り替えいたします。
定価はカバーに表示してあります。
JCOPY〈出版者著作権管理機構　委託出版物〉
本書の無断複製は著作権法上での例外を除き禁じられています。複製される場合は、そのつど事前に出版者著作権管理
機構（電話 03-3513-6969、FAX 03-3513-6979、e-mail:info@jcopy.or.jp）の許諾を得てください。